핀란드연구소 대표 정도상의 이것이 교육이다 시리즈—1

# 엄마로 돌아가라

정도상 지음

고려대학교출판부
KOREA UNIVERSITY PRESS

# 책머리에

지구상에 살고 있는 모든 인간은 독특하다. 인간은 누구나 세상에 하나밖에 없는 자기 고유의 유전자를 가지고 있다. 대한민국의 그 어떤 아이도 같은 유전자와 가치관을 지니고 있지 않다. 우리 아이들은 모두 다르고 우주에 한 명밖에 없는 소중한 존재이다. 세상에 존재하는 희귀 동물과 식물을 보호하기 위해서 많은 노력을 기울인다. 하물며 우리의 아이들은 어떠한가? 우리가 키우는 아이들은 만물의 영장인 인간이다. 그래서 모든 아이들은 존재 그 자체로 존중되어야 한다.

대한민국의 엄마들은 혼란을 겪고 있다. 올바른 자녀 교육이란 무엇인지, 어떻게 교육해야 하는지 결정을 내리기가 쉽지 않다. 선행교육을 거부하고 올바르게 아이들을 키우고 있는 엄마들도 있다. 그런데 내가 주변을 돌아보면 자녀 교육에 대한 소신이 흔들리는 엄마들이 있다. 그러한 엄마들에게 자신감과 확신을 심어주는 것이 이 책을 쓰는 첫 번째 목적이다. 내가 아이를 키운 경험을 소개하는 이유도 거기에 있다. 엄마들은 확고한 소신을 갖고 아이에게 선행교육을 시키기도 한다. 그러나 그것이 올바른 교육인지 혼란을 겪으면서도 일단 따라하는 엄마들도 있다. 그런데 그 열정이 아이의 미래에 도움이 될지 아직 확신하지 못한다. 경험하지 못한 미지의 세계는 누구에게나 두렵다. 엄마의 희생이 아이에게 도움이 되지 않을 수도 있다. 이 책은 엄마의 희생으로 아이도 희생될 수 있음을 경고한다. 책을 쓰는 두 번째 목적이다.

나는 교육의 철학과 근본을 연구하는 교육학자가 아니다. 평범한 한 아이의 아버지로서 아내와 함께 아이를 건강하게 키워낸 보통 사람이다. 이 시대의 자녀 교육을 바라보면서 전부터 책을 쓰고 싶었다. 하지만 내 자식도 제대로 키워내지 못한 부모로서 다른 사람들에게 올바른 자녀 교육에 대해서 말하고 싶지 않았다. 그래서 기다렸다. 이제 한 아이를 한국 사회와 세계에 기여할 수 있는 건강한 젊은이로 키워냈다. 아이는 일반 고등학교를 졸업하고 나와 대학 동문이 되었다. 지금은 군에 입대를 해서 신성한 국방의 의무를 수행 중이다. 아이가 대학에 가지 않았어도 이 글을 썼을 것이다. 나는 한 아이를 키워내기 위해서 부모가 언제 무엇을 해야 하는지에 대해서 경험을 했다. 아이의 교육 과정을 먼저 겪었던 부모가 유치원생, 초등학생의 부모에게 전해주는 소박한 이야기이다. 우리는 대가족 속에서 성장했지만 핵가족 속에서 아이를 교육하는 세대이다. 우리와 부모 사이에는 형이나 누나가 있었다. 그리고 함께 사는 삼촌과 고모가 함께 살기도 했었다. 그러나 지금은 부모와 자녀만 함께 사는 시대이다. 두 세대를 연결해 주는, 즉 두 세대의 차이를 극복하는 데 중간 역할을 하는 사람이 없다. 핵가족 1세대가 후배들에게 전하는 이 책이 자녀를 교육하는 데에 참고가 되고 보탬이 되기를 바란다.

세상에는 올바른 자녀 교육을 위한 거창한 교육 철학과 지침도 있다. 그러나 그것이 모든 아이에게 똑같이 적용될 수 없다. 내 아이에게는 그 아이만을 위한 특별한 교육이 필요하다. 그러나 다른 사람의 경험에서 내 아이에게 도움이 될 수 있는 요소들을 뽑아낼 수는 있다. 독자들은 책 내용 중에서 한 가지만 필요할 수도 있다. 열 가지가 필요할 수도 있다. 전혀 도움이 되지 않을 수도 있다. 그 결정은 부모의 몫이다. 자녀에게 어떠한 교육이 필요한지를 가장 잘 알 수 있는 사람은 부모이다. 부모는 아이를 세상에 태어나게 했다. 그리고 유치원, 초등학교 이전에 아이에게 일어난 모든 일을 기억하고 있다. 아이의 특성과 재능, 그리고 부족한 점을 부모가 가장 잘 알고 있다. 그래서 아이의 교육에는 부모의 역할이 절대적이다.

이 책이 나오기까지 여러 사람의 도움을 받았다. 학교 교육을 올바른 방향으로 이끌어가기 위해서 애쓰고 계신 김완기, 김태석, 박종서, 박준호, 윤완, 이재영, 최상한, 최웅집 교장선생님께 감사를 드린다. 그리고 언제나 필자를 격려해주시는 강향옥, 김명식, 김복영, 윤승유, 채석도 교감선생님, 김병남, 임옥례 연구사님, 김미숙, 송향금 장학사님께도 감사를 드린다. 늘 적극적인 성원을 아끼지 않는 KERIS 정성무, EBS 이승훈, 손홍선 님, 민속사진작가 송봉화 님, 그리고 김영석, 이종현 님께도 고마움을 전한다. 그리고 핀란드 교육에 대한 폭넓은 의견을 교환하고 있는 에르끼 아호(Erkki Aho) 전 핀란드 국가교육청장, 헤이끼 란따(Heikki Ranta) 한-핀란드경제인연합회 회장 가족에게도 심심한 감사를 표한다. 어렵게 시간을 내서 세밀하게 원고 교정을 해주신 신혜정, 이지혜 님께 특별히 감사를 드린다. 글이 완성되는 데 그녀들의 도움이 컸다. 책의 집필에 많은 조언과 도움을 준 언어과학의 임직원들에게도 감사한다. 그리고 이 책을 기꺼이 출판해주신 고려대학교출판부에 감사드린다.

글자도 모른 채 학교에 입학을 하고, 조기교육이나 선행교육을 받지 않고도 대한민국의 건강한 젊은이로 성장하여 이 글을 쓸 수 있게 해준 아들에게 고마운 마음을 전한다. 그리고 밤을 새워가면서 글을 쓰는 필자의 건강을 걱정하면서도 엄마에 대한 이해의 폭을 넓혀준 아내에게 고맙다는 말을 전한다.

올바르게 우리 세대를 교육해서 대한민국 발전의 기틀을 마련해준 모든 엄마들에게 감사한다. 그들은 진정한 엄마였다. 평생을 엄마로 살았고, 저 세상에서도 필자에게 엄마로 남아 있는, 나의 절대적인 세계였던 "우리 엄마"에게 이 책을 바친다.

| 차례 |

## 05 조기에 해야 할 교육은?



## 06 선행교육이 필요할까?



## 07 아버지도 부모다

01

# 엄마는 누구인가?

# 엄마는 절대적인 세계이다

태아는 엄마의 배 속에서 아무 걱정 하지 않고 탯줄을 통해서 영양분을 공급받으면서 10개월을 보낸다. 마침내 낯선 세상에 태어나고 엄마의 젖을 먹으면서 성장을 한다. 유아는 엄마의 품에서 젖을 먹으면서 가장 편안함을 느낀다고 한다. 울고 있는 아이도 엄마 품에 안기면 금새 진정된다. 이는 이 세상의 엄마라면 누구나 경험해본 아이들의 모습이다. 그래서 엄마의 품은 영원한 안식처이고 아이의 모든 세상이다. 아이가 스스로 걷고 뛰어다니기 이전까지는 엄마는 아이들 삶의 절반 이상을 차지하는 절대적인 세계이다. 아이들은 끊임없이 엄마를 찾는다. 엄마가 잠시라도 안 보이면 아이들은 두리번거리면서 엄마를 찾는다. 엄마는 유아의 절대적인 세상이다.

아이들이 성장을 하면서도 엄마의 절대적 역할은 쉽게 변하지 않는다. 초등학생이 된 아이도 학교에서 돌아와 제일 먼저 외치는 소리는 "엄마!"이다. 엄마가 무엇이기에 아이들은 그렇게 엄마를 애타게 부르는 것일까? 아이들은 물건을 찾지 못하면 엄마를 부른다. 내가 찾고 있는 것이 무엇인지, 그리고 그것이 어디에 있는지 엄마는 알고 있다고 생각한다. 장난감 미니카를 만들다가도 무엇인가 해결이 되지 않으면 엄마에게 묻는다. "엄마! 이것 어떻게 하면 되지?" 아이가 배가 아프다고 하면 엄마는 병원에 가기 전에 자리에 눕혀서 아이의 배를 쓰다듬어준다. 아프다고 하던 아이는 이내 편안한 표정으로 곤히 잠이 든다. 약보다 더 좋은 엄마의 손이다. 엄마는 아이에게 절대적인 존재이다.

아이들은 자기가 잘못을 저질렀을 때 상대가 쫓아오면 엄마 뒤로 숨는다. 그리고 무서운 동물을 보았을 때도 엄마 품으로 가거나 엄마의 치마폭으로 숨는다. 엄마는 자기가 두려워하거나 자기를 해칠 만한 존재를 물리칠 수 있는 사람이다. 엄마는 그 누구보다도 강하고 믿음이 가는 존재이다. 실제로 이 세상의 모든 엄마는 아이들의 기대를 저버리지 않고 아이들의 모든 문제를 해결한다. 여자는 약하다고 하지만 엄마는 강하다. 아이에게 세상에서 가장 강한 사람은 아빠이다. 그러나 위기의 순간에는 아빠가 아니라 엄마에게 달려간다.

성인이 되어도 엄마는 늘 엄마이다. 18세가 넘어서 군에 간 아이들도 엄마를 찾는다. 훈련소에 입소한 군인들은 첫 번째 편지를 엄마에게 쓴다. 그들은 대부분 군에 가기 전에 한 번도 엄마에게 편지를 써본 적이 없었던 아들들이다. 왜 그들은 군인이 되어서야 엄마에게 편지를 쓸까? 군대에서 하는 훈련이 고되고 힘들어도 엄마에게 사실대로 쓰지 않는다. 그들은 군대 생활 잘하고 있고, 밥도 잘 먹고 있고, 춥지 않으니 걱정하지 말라고 쓴다. 한국의 남성에게 군 복무는 태어나서 가장 힘들고 어렵다고 느껴지는 시기이다. 그리고 가장 불안할 때다. 그때 엄마를 찾는다. 어릴 적에 젖을 물고 편안하게 잠들었던 엄마의 품이 그립기 때문이다. 그래서 불안하고, 힘들고, 누군가로부터 위로받고 싶을 때 엄마를 찾는다. 그때 엄마는 그 자리에 있어야 한다. 병사들은 힘겨운 유격 훈련을 받고 노래 〈어머니 마음〉을 부르면서 눈물을 흘린다. 특별히 엄마가 병원에 있거나 힘들게 살고 있어서가 아니다. 그냥 왠지 모르게 엄마 생각을 하면 눈물이 난다. 성인이 되어서도 생각하면 눈시울이 붉어지는 찡한 존재가 엄마다.

시집을 간 딸도 김치를 담그지 못할 때 엄마를 찾는다. 집들이를 하기 위해 음식을 만들 일이 있어도 엄마에게 연락을 한다. 아이가 몸이 아프다고 하면 병원에 가기 전에 먼저 친정 엄마에게 전화를 한다. 자기도 어엿한 성인이지만 엄마를 찾는다. 딸은 친정 엄마에게 자녀의 양육을 부탁하기도 한다. 여성들은 40대가 넘어서도 예측하지 않았던 일이 발생하면 "엄마!" 하고 외친다. 70이 넘은 할머니도 다르지 않다. 산에서 뱀을 보거나, 징그러운 곤충이 눈앞에 나타났을 때 여성들은 "엄마야!"라고 외마디 소리를 낸다. 엄마가 옆에 있어서가 아니다. 엄마가 이 세상에 살아 있지 않을 수도 있다. 아무리 엄마를 외쳐도 엄마는 달려오지 않는다. 그런데 그들은 엄마를 찾는다. 엄마는 곁에 없어도 늘 존재하는 신비로운 사람이다.

# 아이의 감시자가 된 엄마

언제부터인가 대한민국에서 엄마가 사라지고 있다. 아이들의 온 세상이 뿌리까지 흔들리고 있다. 이 시대에 진짜 엄마는 어디에 있을까? 아이들의 공부를 감시하고, 성적을 보고 아이들을 평가하는 가짜 엄마들이 등장하고 있다. 우리 사회에는 아이의 성공에 필요한 세 가지의 조건이 있다고 한다. 바로 "할아버지의 재력, 엄마의 정보력, 아빠의 무관심"이다. 세간에 떠도는 우스갯소리지만 우리 교육의 현주소를 여실히 보여주고 있다. 엄마는 다른 엄마들과 대화를 하거나 직접 방문을 해서 학원의 유명 강사와 공부 잘하는 아이들이 다니는 학원 정보를 알아내야 한다. 그리고 할아버지의 경제력을 바탕으로 아이를 그 학원에 보낸다. 아버지는 아이 교육에 관여하지 않아야 한다. 참으로 참담한 우리 교육의 자화상이다.

요즘에는 이르면 유치원 시절, 늦어도 초등학교 시절부터 아이들은 엄마가 추천하는 학원에 다녀야 한다. 엄마는 학원과 긴밀하게 연결되어 있다. 아이가 지각을 하거나 결석을 하면 곧바로 휴대전화로 학원에서 보낸 알림 메시지가 온다. 학교와 학원을 전전하면서 공부하는, 말 그대로 "공부의 노예" 생활이 시작된다. 학생들의 일거수일투족을 감시하는 CCTV가 설치되어 있는 학원도 있다. 어제오늘의 이야기가 아니다. 아이들은 감시 카메라가 돌아가는 지옥과 같은 공간에서 공부하고 있다. 왜 공부를 해야 하는지도 모른 채 부모의 손에 이끌려 학원으로 끌려간다. 아이가 딴짓을 하거나 한눈을 팔면 학원에서 곧바로 부모에게 동영상을 보내준다. 그 동영상을 받아보는 사람은 아이의 엄마이다. 더 이상 치마 뒤로 숨으면 자기를 보호해주던 엄마가 아니다. 엄마는 자기 생활을 감시하는 세상에서 가장 무서운 사람이 되었다.

요즘 아이들의 거짓말은 학원과 관련되어 시작된다. 가장 많이 하는 거짓말도 학원을 소재로 한다. 한 TV 프로그램에서 아이들이 부모에게 했던 거짓말을 솔직하게 털어놓았다. 유치원생과 초등학생은 다음과 같은 고백을 했다.

"어느 날 학원에 가지 않고 공원에서 친구들과 놀았어요. 엄마에게 말하지 않았어요."

"학원에 가기가 싫어서 아픈 척하고 심하게 기침을 했어요."

"학원에 가기 싫어서 일부러 학교에서 늦게 집에 왔어요."

학원에 가지 않았다면 아이들의 거짓말은 그렇게 일찍 시작되지 않았을 것이다. 초등학생의 엄마는 아이들의 성적표에서 100점을 맞은 과목이 아니라 100점을 받지 못한 과목에 먼저 눈길이 간다. 그러고는 묻는다. "이 과목에서는 무엇을 틀렸니? 이 과목은 왜 100점을 받지 못했니?" 아이들은 100점을 받은 과목에 대한 칭찬을 기대했다. 그리고 기쁜 마음에서 성적표를 보여주었다. 그런데 엄마는 100점을 받지 못한 과목에 대한 질책만 할 뿐이다. 이제 모든 과목을 100점을 받지 못하면 성적표를 내밀기가 겁이 난다. 그래서 아이들은 성적표를 위조하기 시작한다. 학년이 올라갈수록 아이들의 성적표 위조 기술은 발전하게 된다.

엄마는 아이들의 공부를 감독하는 사람이 되었다. 엄마는 아이들의 성적을 기록한다. 아이들의 학원 가는 시간을 체크한다. 아이들은 종일 공부를 하고 지쳐서 집에 돌아온다. 그 아이에게 엄마는 끝내지 못한 공부를 시킨다. 오늘 배운 것을 복습하라고 한다. 내일 배울 내용을 예습도 하라고 한다. 아이들에게 엄마는 더 이상 힘들고 지칠 때 찾아가는 안식처가 아니다. 잠시 친구들과 놀러 나갈 때도 엄마의 눈치를 살펴야 한다. 공부를 하고 싶지 않아도 엄마의 질책이 무서워서 공부방에 들어간다. 공부방에서 책을 펴놓고 있으면 아무 말이 없다. 그래서 공부방에서 친구들과 문자 메시지를 주고받는다. 발자국 소리가 나면 책을 보는 척한다. 그렇게 아이는 엄마와 속고 속이는 숨바꼭질을 시작한다.

# 엄마 잃은 아이들

엄마를 잃은 아이들이 갈 곳은 어디일까? 최근 우리 사회에서는 매우 심각하고 다양한 청소년 문제가 대두되고 있다. 잘 자라던 청소년들이 갑자기 가출을 하기 시작한 것이다. 그들은 집에서 엄마를 잃었기 때문이다. 가출하면 잃어버린 엄마를 찾을 수 있다고 생각한다. 그곳에는 자기를 받아주는 친구들이 있다. 자기 말을 들어주고, 좀 빗나간 행동을 해도 잔소리를 하지 않는다. 50점 받은 윤리 성적을 보고 규율 반장이라고 불러준다. 영어 시험에서 30점을 받았는데 영어 선생님이라고 받들어준다. 집에서는 엄마에게 보여주지도 못한 성적표이다.

아이는 친구들에게서 엄마의 품을 기대하고 가출한다. 그러나 엄마가 아님을 깨닫는 데에는 오랜 시간이 걸리지 않는다. 그곳에 엄마가 있을 리 없다. 우리가 키우는 아이도 유일한 존재이지만, 그 아이의 엄마도 한 사람밖에 없다. 밖으로 나가서 아무리 엄마를 찾아도 엄마는 집에 있는 한 사람뿐이다. 다시 집으로 돌아가고 싶지만 돌아갈 수도 없다. 다시 돌아가도 내가 찾는 엄마가 있는 곳이 아니다. 이러지도 저러지도 못 하고 그만 어정쩡하게 친구들과 머물다가 돌이킬 수 없는 삶을 살게 된다. 그리웠던 엄마의 품을 찾아서 나간 곳에는 엄마가 없다.

최근에 우리는 아이들에 대한 충격적인 뉴스를 자주 접한다. 중학생 때부터 모의고사 전국 석차가 4000등 안에 들 정도로 성적이 우수했던 고등학생이 자기 엄마를 살해했다. 가출했던 아버지가 8개월간 집 안에 방치되었던 시신을 발견했다. 이 학생이 어머니를 살해한 동기는 정확하게 밝혀지지는 않았다. 전국 1등을 해서 법대에 들어가라는 엄마의 강제적 요구에 버틸 수 없었던 것으로 파악되고 있다. 엄마는 전국 상위권을 원했지만 아이의 성적은 거기에 미치지 못했다. 아이는 성적을 전국 62등으로 고쳐서 엄마에게 보여주었다. 아이는 어느 날 엄마가 학교를 방문한다는 말을 듣고 거짓이 탄로날 것을 두려워하여 엄마를 살해했다. 좋은 성적을 바라는 엄마의 폭력과 폭언이 원인이라는 보도도 있었다. 감시자가 된 엄마에 대한 불만이 극단적인 방법으로 표출된 사건이다.

이 사건이 잊혀지기도 전에 중학교 2학년 학생이 "곰인형과 아이팟을 함께 묻어주세요"라고 유서를 남기고 세상을 떠났다. 전체 유서를 읽어보면 매우 정상적인 사고와 꿈을 가졌다는 것을 알 수 있다. 부모가 초등학교 시절부터 학원에 보냈다. 이 아이는 초등학교 시절에는 성적이 매우 좋았다. 하지만 중학교에 들어오면서 1학년 성적이 상위 30% 수준으로 처지기 시작했다. 2학년이 되면서 성적은 중위권으로 하락했다. 그 아이는 선행교육을 통해 이미 초등학교 시절에 영어 원서를 읽어냈다. 그 아이의 책꽂이에는 독일어 책도 있었다. 하지만 정작 중학교에 입학하고 나서는 마음먹은 대로 성적이 나오지 않았다. 그 아이는 중학교에서 좋은 성적을 받기 위해서 밤 12시까지 공부도 했다. 학원도 열심히 다녔다. 하지만 성적은 계속해서 떨어졌다. 그래서 아이는 극단적인 선택을 했다.

그런데 마음먹은 대로 성적이 나오지 않는다고 자살을 해야 했을까? 노력한 만큼 성적이 나오지 않는다고 자살을 한다면 한국의 중학교에는 몇 명의 학생이 남아 있을까? 공부는 노력한 만큼 늘 결과가 나오는 것이 아니다. 기대와 전혀 다른 결과가 나올 수도 있다. 더구나 중학생은 학교 시험의 방향을 모를 수도 있다. 시험 공부의 요령을 아직 터득하지 못했을 수도 있다. 그래서 시행착오를 거치면서 꾸준히 공부를 하다 보면 성적이 오를 수도 있다. 물론 중학교를 졸업할 때까지 성적이 제자리에 머물 수도 있다. 아직 학교 공부와 맞지 않는 아이들이다. 성적 때문에 아이들이 자살하는 일은 없어져야 한다.

중학교에서 아이의 성적이 나쁠 수도 있다. 그때 부모는 좋은 성적을 원해도 고등학교에 가면 성적이 오를 것이라고 격려를 해주어야 한다. 아이가 공부와 맞지 않으면 아이와 함께 다른 방향을 찾아볼 수도 있다. 아이가 가진 재능을 찾아보고 남보다 뛰어난 분야로 아이를 이끌어주면 된다. 아이들은 무한한 가능성을 지니고 있다. 당장 받아오는 성적표로 아이들을 평가할 이유가 없다. 아이의 성적이 떨어지면 화가 날 수도 있고, 실망할 수도 있다. 그렇지만 엄마가 나서서 아이를 질책하면 아이는 누구에게 갈까? 엄마는 아이들이 기댈 수 있는 최후의 보루이다. 그런데 그 엄마가 나서서 자기를 옥죄고 들면 아이는 얼마나 참담할까? 힘들어하는 아이에게 엄마가 다가가서 따뜻한 말 한마디를 해준다면 아이들이 극단적인 선택을 할까? 우리의 엄마들이 우리에게 말했듯이 "얘야! 공부가 밥 먹여주는 것 아니란다"라는 위로의 말 한마디만 해주고 다독여준다면 아이들이 과연 자살을 할까?

# 살아 있는 자식이 낫다

학교에는 자살 충동을 느끼는 중학생이 부지기수 존재하고 있다. 지금도 자살을 생각하면서 자살 사이트를 검색하는 아이들이 도처에 깔려 있다. 이들은 초등학교부터 시작된 공부에 지쳐 있다. 1년에 네 번 치는 중간·기말 고사에 신경을 곤두세우고 있다. 초등학교와 달리 중학교에서는 시험 성적이 표기된다. 아이들은 그 성적표를 보고 있을 엄마의 얼굴을 떠올린다. 중학교에 다니는 아이들은 엄마가 미운 것이 아니다. 이제까지 자신을 키워준 엄마이다. 그리고 자신을 위해서라면 어떠한 희생도 각오하고 있는 엄마에게 고마운 마음도 가지고 있다. 아이들도 엄마를 기쁘게 해주기 위해서 엄청난 노력을 기울이고 있다. 엄마는 시험에서 좋은 성적을 내면 가장 기뻐한다. 그래서 아이들은 시험이 다가오면 온 힘을 다해서 공부를 한다. 중학생이 공부를 열심히 하는 목적은 자기 스스로 정한 목표를 달성하기 위함이 아니다. 모든 약속도 취소하고 평소에 보던 드라마도 보지 않고 거실에서 숨죽이고 있는 엄마를 기쁘게 해드리기 위함이다. 아이들은 세상을 떠나기로 결심을 했을 때에도 유서에는 항상 엄마에게 고맙다고 쓴다. 그들은 정말로 엄마를 기쁘게 해주고 싶었다. 왜 인생의 출발선에 선 아이들에게 그렇게 큰 부담을 주는 것일까? 그들은 이제 겨우 초등학생, 중학생이다.

모든 엄마가 아이에게 학습 부담을 주는 것은 아니다. 많은 아이들은 진정한 엄마의 손길을 느끼면서 자라고 있다. 그런데 이 사회는 진정한 엄마의 길을 끊임없이 막아서고 있다. 세상이 엄마들을 그대로 내버려두지 않는다. 그래서 절대적인 세계로서의 엄마는 점점 줄어들고 있다. 엄마들은 '21세기는 글로벌 경쟁 시대', '이 시대 엄마의 역할'과 같은 자극적인 말을 듣고 있다. 책을 읽어보면 초등학교의 성적이 평생을 좌우한다고 언급되어 있다. 초등학교 1학년 때 아이의 일생이 결정된다고도 쓰여 있다. 그래서 엄마들은 이성에 반해서 아이 교육을 시작하게 된다. 대한민국의 엄마는 아이 교육에서 뒤처지려 하지 않는다. 아이 교육의 경쟁에 뛰어든 이상 옆집 엄마에게 뒤떨어질 수 없다. 처음에는 가벼운 마음으로 남들이 보내는 한두 개의 학원에 보내지만, 다른 엄마들과 정보를 교환하면서 점점 불이 붙기 시작한다. 내 아이가 다른 아이보다 못할 것이 없다. 내 아이도 피아노, 태권도, 미술학원에만 보낼 일이 아니다. 남들이 보내는 영어, 수학 학원에도 보내야 하고, 과학영재 수업도 듣게 해야 한다. 다른 부모들이 아이를 특목고에 보낸다고 한다. 우리 아이도 가지 못할 이유가 없다. 국제중학교, 외국인학교라고 포기할 일도 아니다. 이렇게 엄마들은 아이의 미래를 위해 헌신적인 아이 교육의 길에 들어서게 된다.

엄마들은 아이를 잘 키우기 위해서 기꺼이 이 길을 선택한다. 유치원 시절부터 사교육을 시키는 길은 엄마의 희생을 전제로 한다. 아이 교육을 위해서 엄마의 생활을 헌납해야 한다. 경제적인 출혈도 감수해야 한다. 엄마는 고통을 감수하면서도 아이를 위해 이 길을 선택한다. 그런데 이 순수하고 숭고한 선택이 아이들에게서 진정한 엄마를 빼앗아가는 아이러니한 결과를 초래하고 있다. 아이들은 소위 '엄친아'들과의 비교에 시달린다. 학교 성적에 목매는 엄마의 기대를 충족시켜야 한다. 학교와 학원을 오가는 지옥 같은 삶이 시작된다. 아이는 아버지로부터 야단을 맞았을 때 엄마를 찾을 수가 없다. 엄마가 아버지보다 더 무서운 존재로 변해버렸기 때문이다. 어린 시절 아이가 위기에 처했을 때 대신 맞서주던 엄마가 아니다. 지금은 아이가 가장 두려워하는 사람이 엄마가 되었다. 이렇게 아이들은 엄마를 잃었다.

공부도 못하고 속도 썩이지만 부모 앞에서 살아서 얼쩡거리는 자식이 더 낫다. 세상에서 가장 안타까운 일이 자식이 먼저 세상을 떠나는 일이다. 우리는 자식을 잃고 나서야 그것을 깨닫는다. 아무리 후회를 해도 소용이 없다. 부모들이 먼저 깨달아야 불행한 사태를 막을 수 있다. 집에서 잠만 자고, 공부할 시간에 TV만 보고 있어도 가출해서 소식도 모르는 자식보다 낫다. 게임만 하고 있어도 집에 있는 자식이 낫다. 아침이 되면 학교에 가고 돌아오면 인사를 하는 자식의 소중함을 잃기 전에 깨달아야 한다.

02

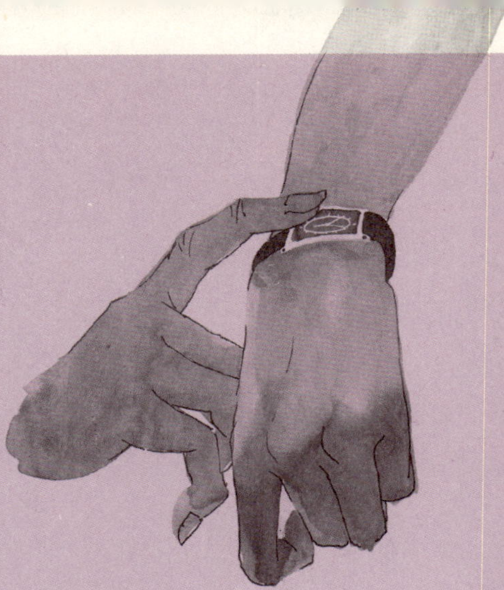

# 교육인가? 학대인가?

# 공부노동자 특별법이 필요하다

얼마 전에 자녀 교육에 관한 책(책아책아! 편, 2008)을 읽었다. 거기에는 수학, 영어, 과학, 예능 등에서 두각을 나타내고 있는 초등학생의 생활이 담겨 있었다. 나는 이 책을 읽으면서 엄청난 충격을 받았다. 대한민국 교육의 1번지라고 알려진 강남, 목동 그리고 분당에서 교육을 받고 있는 아이들의 놀라운 생활을 엿볼 수 있었기 때문이다. 그 책은 그동안 소문으로만 듣던 아이들의 실생활을 상세하게 알려주고, 하루 생활을 시간대별로 기록하고 있다. 그 아이들의 생활계획표는 다음의 표와 유사하다.

### 초등학생 A의 하루 생활 스케줄

<table>
<tr><th>시간</th><th>월</th><th>화</th><th>수</th><th>목</th><th>금</th><th>토</th><th>일</th></tr>
<tr><td>06:00~08:00</td><td colspan="7">아침공부</td></tr>
<tr><td>08:00~08:30</td><td colspan="6">아침 식사, 등교 준비</td><td></td></tr>
<tr><td>15:00~16:00</td><td colspan="5">간식 및 휴식 시간(독서 시간)</td><td></td><td></td></tr>
<tr><td>16:00~17:00</td><td rowspan="3">학원</td><td>음악실기</td><td>영재수업</td><td>농구 연습</td><td rowspan="3">학원</td><td colspan="2" rowspan="3">과학 실험반<br>및<br>보충 학습</td></tr>
<tr><td>17:00~18:00</td><td rowspan="2">학원 숙제<br>및<br>보충학습</td><td rowspan="2">학원</td><td rowspan="2">학원 숙제<br>및<br>보충 학습</td></tr>
<tr><td>18:00~23:10</td></tr>
</table>

### 초등학생 B의 하루 생활 스케줄

<table>
<tr><th>시간</th><th>월</th><th>화</th><th>수</th><th>목</th><th>금</th><th>토</th><th>일</th></tr>
<tr><td>07:00~08:00</td><td colspan="7">영어 듣기 평가(20~30문제), 시험 기간에는 시험 공부</td></tr>
<tr><td>15:00~16:00</td><td>축구 교실</td><td>음악학원</td><td>축구 교실</td><td>음악학원</td><td>축구 교실</td><td colspan="2">축구 교실·악기 연습</td></tr>
<tr><td>16:00~17:00</td><td colspan="5">숙제하기</td><td colspan="2" rowspan="3">보충 학습</td></tr>
<tr><td>17:00~19:00</td><td>영어 학원</td><td>수학 교습</td><td>한자 교습</td><td>수학 교습</td><td>영어 학원</td></tr>
<tr><td>19:00~20:00</td><td colspan="5">귀가 및 식사</td></tr>
<tr><td>20:00~20:10</td><td colspan="7">영어 전화 프리토킹 훈련</td></tr>
<tr><td>20:00~23:00</td><td colspan="7">1. 영어 듣기 평가 오답 노트 풀이<br>2. 인터넷 강좌 듣기<br>3. 수학 진도 나가기<br>4. 영어 학원 숙제 및 영어 단어 외우기<br>5. 수학 학습지 풀기<br>6. 한자 학습지 풀기<br>7. 영어 일기 쓰기<br>8. 독서 하기</td></tr>
</table>

하루 생활계획표에 나타나 있듯이 아이들이 공부만 하는 것은 아니다. 시간을 쪼개서 악기도 배우고, 그림도 그린다. 그리고 아이들의 독서 시간도 마련되어 있다. 어려서부터 철저하게 마련된 학습 계획에 따라서 다양한 내용을 배운다. 아이들은 아침 6시부터 공부를 시작해 밤 11시가 되어서야 집으로 돌아온다. 실로 놀라운 학습 시간이다. 식사 시간을 제외하고 아이들이 소화해야 하는 학습 시간은 등교 전 2시간, 학교에서 5시간, 방과 후 학원에서 6시간이다. 무엇을 배우든 학습 시간으로만 합산을 하면 13시간이다. 직장을 다니는 성인들도 특별히 야근을 하지 않으면 8시간만 근무를 한다. 그런데 초등학교에 다니는 학생들이 성인의 노동시간보다 5시간이 많은 13시간의 학습을 하고 있다.

나는 생활계획표의 '휴식 시간'을 보고 충격을 받았다. 농촌에서의 휴식 시간은 잠시 새참을 먹고 막걸리도 한잔하면서 허기를 달래는 시간이다. 직장인들에게 휴식은 잠시 일을 멈추고 재충전하는 기회이다. 그런데 아이들에게 주어진 휴식 시간인 오후 3시는 아이들이 학교 수업을 마치고 돌아오는 시간이다. 대체로 학원 수업은 4시부터 시작한다. 책을 읽어보면 아이들은 오후 3시부터 4시 사이의 휴식 시간에 농민들이 새참을 먹듯 간식을 먹는다. 허기진 배를 채우고 일을 나서는 농민처럼 아이들도 간식을 먹고 오후 공부에 나서야 한다. 그런데 그 시간마저 편안하게 간식을 먹는 것이 아니다. 엄마가 준비해놓은 신문기사를 읽거나, 영어 듣기 연습을 하면서 음식을 섭취해야 한다. 학교에서 6시간 동안 수업을 받고 지쳐 있는 아이에게 간식을 주고, 학원에 갈 준비를 시키면서 그 1시간이 아까워서 아이들에게 공부와 관련된 과제를 준다.

아이들은 직장인이나 노동자와 다를 바가 없다. 아침에 일어나서 직장과 일터 대신 학교로 갈 뿐이다. 아이들은 배움으로 포장된 '공부노동자'가 되어 있다. 한국의 초등학생, 중학생은 학생이 아니라, 공부노동자로 생활을 하고 있다. 아이들을 노동자로 취급을 하려면 주당 40시간의 근로 시간이라도 지켜줘야 하지 않을까? 노동자도 주당 40시간 노동을 하도록 정해져 있다. 주당 40시간을 넘어가면 초과 근로 수당을 주어야 한다. 그렇지 않으면 사용자가 노동법에 의해 처벌을 받는다. 그것이 법이다. 그러면 아이들은 월요일부터 금요일까지 일일 13시간씩 주당 총 65시간의 공부노동을 한다. 그뿐만이 아니다. 아이들은 주말에도 쉬지 못하고 공부에 시달린다. 그렇게 보면 주당 공부노동 시간은 80시간을 넘는다. 초과 공부노동을 시키는 부모는 왜 처벌을 하지 않을까? 우리는 헌법에 인간의 기본권을 규정하고 있다. 노동자로 취급받는 아이들을 위한 '공부노동자특별법'이라도 만들어서 아이들을 구제해야 한다.

# 철인 7종 경기 선수인가?

오후 4시 30분! 초등학교 아이들이 동네의 조그만 가게 앞에서 과자를 먹으면서 둘러앉아서 놀고 있다.

"애들아! 왜 집에 가지 않고 여기서 놀고 있니?"

"집에 가면 숨이 막혀요. 오늘은 학원 수업이 일찍 끝나서 여기서 놀다가 시간 되면 집에 갈 거예요."

버스 정류장 앞에는 엄마들이 줄을 서서 무엇인가를 기다리고 있다. 손에는 조그만 가방을 하나씩 들고 있다. 이내 학원 차량이 도착하고 아이들은 차에서 내려 엄마가 준비한 가방을 받아 든다. 아이들은 가방을 바꿔 들고 학원으로 실려간다. 마치 학원과 학원으로 이어지는 이어달리기를 하는 듯하다. 주자는 한 명이다. 올림픽의 철인 3종 경기를 보는 듯한 착각이 든다. 이 경기 참여자는 4년에 한 번 혹은 2년에 한 번이 아니라 매일 시합을 한다. 철인 7종 학원 선수들이다. 철인 3종 경기보다 4종목을 더 뛰어야 한다. 영어, 수학, 과학, 피아노, 태권도, 미술, 첼로, 발레 등등.

아이들은 학교 수업이 끝나면 모여서 고무줄 놀이, 딱지치기, 구슬치기를 하고 해 질 녘에 집에 오는 것이 정상적인 생활이다. 아니면 집에 오자마자 가방을 던져놓고 "엄마! 나 놀다 올게" 하고 다시 뛰어나가야 한다. 친구들과 어울려서 운동도 하고, 그 시기에 유행하는 놀이를 하면서 실컷 에너지를 발산해야 한다. 지금 부모들은 그렇게 초등학교 생활을 했다. 딱지치기, 구슬치기도 인간의 성장 과정에서 중요한 배움의 과정이다. 정확하게 구슬을 맞추고, 딱지를 때려서 뒤집히도록 하는 놀이는 손과 팔의 운동신경을 발달시킨다. 손기술을 익히는 데 이보다 더 좋은 방법도 흔치 않다. 상대방 딱지의 놓여진 상태를 판단해서 어느 쪽을 때려야 할지 결정하는 과정이 곧 학습이다. 아이들에게는 머리로 하는 것만이 학습이 아니다. 일상생활, 그리고 놀이 속에서 자기가 모르는 사이에 공부보다 중요한 학습을 해나간다. 그렇게 성장한 아이가 새로운 상황에 직면했을 때 올바른 판단을 내릴 수 있다. 주어진 상황에서 살아남을 수 있는 정확한 판단을 할 수 있는 능력이 지능이다. 영어 단어를 잘 외우고, 수학 문제를 잘 푼다고 지능이 높은 것이 아니다. 이 판단 능력은 다양한 놀이를 통해서 발달할 수 있다.

어린 시절에 우리가 하지 못했거나, 싫어했던 것을 자녀에게 강요하지 말자. 아무리 강요해도 우리가 실천하지 못했듯이 아이들도 이를 실천하기 어렵다. 우리의 부모는 우리에게 철인 7종 학원 경주를 시키지 않았다. 우리가 놀기만 하고 학원에 다니지 않아서 지금보다 성공하지 못한 것은 아니다. 시대가 달라져서 공부를 더 해야 한다고 말한다면 불공평하다. 우리가 학교에 다닐 때도 고등학교, 대학교 입시가 있었다. 그 이전에는 심지어 중학교 입시도 있었다.

아이들은 공부라는 굴레를 쓰고 인간적인 삶을 영위하지 못하고 있다. 그런데 어른들은 두발 길이, 머리 염색의 자유가 학생의 인권이라고 다투고 있다. 아이들에게 인권은 인간답게 살 수 있고, 마음대로 숨 쉴 수 있는 자유이다. 어른들이 말하는 두발의 길이와 머리 염색의 자유가 아니다. 아이들에게는 정상적, 상식적인 인간의 삶이 필요하다. 어른들은 학생인권조례를 만들면서 집회의 자유를 이야기하지만 아이들은 집회를 할 만한 시간도 없다. 아이들은 수업이 끝나면 친구들과 운동도 하고 노래도 부르면서 행복한 유년 시절을 보내고 싶을 뿐이다.

아이들은 한 문제의 실수로 등급이 떨어지는 살벌한 상황에서 시험 준비를 하고 있다. 엄마는 세상은 원래 그런 것이니 힘들어도 만점을 받는 수밖에 없다고 한다. 엄마는 이 세상을 그렇게 살아야 낙오자가 되지 않는다고 말한다. 아이들은 공부를 잘하든 못하든 마음에 드는 친구들과 사귀고 싶다. 그런데 엄마는 그러한 친구들과 같이 놀면 미래가 없으니 공부 잘하는 친구들과 어울리라고 말한다. 아이들은 하고 싶은 대로 할 수 있는 일이 없다. 아이들은 친한 친구들이 다니고 있는 학원에 가고 싶은데 엄마는 더 좋다고 하는 다른 학원에 등록을 시킨다. 엄마가 등록한 학원에는 공부 잘하는 학생들만 있다. 거기에 가면 가장 낮은 등급의 반에서 공부를 해야 한다. 그래서 그 학원에 가기가 싫다. 그런데 엄마는 더 열심히 해서 반드시 공부 잘하는 상급반에 들어가라고 한다. 왜 아이들은 마음대로 살 수가 없는 것일까? 아이들은 의아해한다. 우리의 부모들도 우리처럼 살았을까?

# 엄마의 희생에 아이까지 희생된다

엄마도 자기의 삶을 윤택하게 영위할 권리를 가지고 있다. 그런데 아이가 태어나면 자기의 삶을 포기하다시피 한다. 엄마는 아이를 위해서라면 무엇이든 한다. 엄마는 한가로운 시간이 없다. 아침부터 가족들을 위해 식사를 준비한다. 그리고 아이의 준비물을 챙겨서 유치원이나 학교에 보내야 한다. 그것으로 끝이 아니다. 오전 시간에는 설거지를 하고 집 안을 청소한다. 점심 시간이 지나서 아이가 학원에 가는 시간부터 엄마는 대기 상태에 들어간다. 본격적으로 학원 순례를 해야 하는 것이다. 자동차로 아이를 학원으로 실어 나르는 엄마도 있다. 학원에서 차량을 운영해도 준비물을 챙겨서 시간에 맞추어서 대기해야 한다. 아이들의 학원 이동 시간은 2시간 간격이다. 시간이 나면 아이들이 먹을 간식을 준비한다. 저녁 먹을 시간이 마땅하지 않으면 도시락까지 준비해야 한다. 아이의 학원 수업이 끝나는 밤 11시까지 엄마는 이렇게 분주하게 뛰어야 한다. 아이를 잘 키우기 위해서는 어쩔 수 없다. 대체로 11시에 끝나는 마지막 학원에는 엄마 대신 아빠가 간다. 그 시간에 엄마는 아이에게 밤참이라도 준비해주어야 한다. 그렇게 하루가 지나간다.

아이가 하루 13시간을 공부하기 위해서는 엄마의 도움이 필수적이다. 그렇지만 엄마는 기꺼이 그 일을 자청했다. 아빠가 말리지만 엄마는 포기할 수 없다. 아이도 학원을 전전하면서 피곤해한다. 그러나 아이는 배움을 통해 발전할 수 있다. 그런데 엄마가 하는 일은 허드렛일이다. 자기의 삶에 도움이 될 만한 것이 없다. 엄마는 아이를 위해 바쁘게 살고 있지만 얻는 것이 없다. 아이가 새로운 것을 배우는 데서 정신적인 위안을 얻고 보람을 찾을 뿐이다. 그래서 더욱더 아이에게 집착한다. 엄마는 자기가 희생한 만큼 아이가 보상해주기를 바란다. 엄마가 스스로 할 수 있는 일은 없다. 그 보상은 아이만이 할 수 있다. 그래서 아이의 성적에 관심이 많다.

교육의 메카라는 강남과 목동의 엄마들 중에는 가난하게 사는 사람들이 많다. 가장의 연봉이 남보다 적어서가 아니다. 남편이 월급을 많이 받아도 아이 교육에 들이는 비용이 적지 않기 때문이다. 경제적인 여유가 없지만 아이 교육을 위해서 그곳으로 이사를 한 엄마들도 많다. 우아한 식당에서 밥을 먹는 일도 쉽지 않다. 엄마 자신을 위해서 옷을 사는 일도 드물다. 주말에 여행을 하거나 오페라를 보러 가는 일도 거의 없다. 비용도 문제지만 아이를 학원 스케줄에 맞추어 데려다 주어야 하기 때문이다. 경제적 여유가 생기면 아이를 더 좋고 비싼 학원에 보낸다. 자신을 위해 돈을 쓰는 일은 가능하면 피한다. 그것이 아이를 위한 길이다.

세상에 자기의 삶을 포기하면서 아이를 돌보는 엄마들이 얼마나 있을까? 아마도 없을 것이다. 한국의 엄마는 특별하다. 전 세계에서 한국의 엄마가 가장 큰 희생을 하고 있다. 엄마의 희생은 강요된 것이 아니다. 엄마가 자유의지로 선택한 의식적인 행위이다. 그것은 고결한 선택이다. 자식은 소중한 사람이지만 자신이 아니다. 어떤 사람을 위해서 자신의 삶을 희생하는 일은 존엄한 일이다. 그 존엄한 일을 한국의 엄마들이 하고 있다. 그래서 엄마를 비난할 수 없다. 한국의 엄마들은 위로받아야 한다. 필자는 엄마들의 자녀 교육을 비판하고 있다. 엄마를 비판하는 것이 아니다. 엄마의 교육 방식에 대한 비판이다. 한국의 엄마에게 누가 비난의 화살을 쏠 수 있을까? 아무도 없다.

엄마는 위대한 희생을 하고 있다. 희생은 본래 보상받기 위한 행동이 아니다. 그렇지만 희생에는 목적이 있어야 한다. 엄마의 목적은 아이를 올바르게 교육해서 아이가 행복하게 사는 것이다. 그리고 욕심을 부린다면 경쟁 사회에서 아이가 승리하는 것이다. 목적을 이룰 수 없다면 희생은 의미가 없어진다. 그런데 작금의 엄마의 희생은 위험해 보인다. 엄마의 희생에 아이까지 희생될 수 있다. 엄마가 희생할수록 아이는 더 희생될 수 있다. 엄마의 희생이 줄어들수록 아이가 올바로 성장할 가능성이 높아지고 있다. 이 시점에서 우리는 엄마의 희생이 헛된 것인지 아닌지 돌아보아야 한다. 엄마가 희생되는 일이 없어야 한다. 아이들의 희생을 막아야 하기 때문이다.

# 왜 아이들은 매일 일기를 써야 할까?

초등학교 저학년 아이들이 쓴 일기는 아주 단순하다. 대체로 두세 문장으로 완성된다.

> "오늘은 친구들과 축구를 했다. 참 재미있었다. 오늘은 기분이 너무 좋다."
>
> "오늘은 학원에서 시험을 봤다. 100점을 받았다. 엄마에게 칭찬을 받았다."

가장 일반적인 초등학생의 일기 내용이다. 우리는 아이들이 쓴 위와 같은 일기 내용에 대해서 뭐라고 잔소리를 하지 말아야 한다. 아이가 하루를 즐겁게 보냈고, 기분이 좋다는데 아이에게 시비를 걸 이유가 없다. 그런데 부모들은 위와 같은 일기를 두고 아이에게 좀더 구체적인 내용을 글로 표현해보라고 권한다. 오늘 일어난 일에 대해서 상세한 기록을 써보기를 원한다. 그리고 자기가 느낀 감정을 글로 표현해보라고 한다. 그런데 초등학생이 글을 쓰면 얼마나 잘 쓰겠는가? 중학생, 고등학생이 되면 스스로 알아서 자기 감정도 표현하고, 깊이 있는 글도 쓴다.

요즘 글쓰기 훈련을 한다고 아이에게 일기를 쓰게 하는 부모들이 늘어나고 있다. 물론 아이가 좋아한다면 글쓰기 훈련에 일기를 쓰는 것만큼 좋은 방법도 없다. 그러나 매일 일기를 쓰는 일은 쉽지 않다. 지금도 일기 쓰기는 방학숙제의 고정 메뉴에 들어 있다. 30년 전과 달라지지 않았다. 초등학교에 다니면서 방학 기간에 매일 일기를 쓴 사람이 몇 명이나 될까? 필자는 방학 기간에 매일 일기를 써본 적이 없다. 아이에게 일기 쓰기를 강요하고 있는 엄마도 어린 시절에 매일 일기를 쓰지 않았을 것이다. 엄마도 방학이 끝나기 며칠 전에 한꺼번에 일기를 썼다. 누구에게나 개학 하루나 이틀 전에 30일치의 일기를 쓰느라고 밤새운 기억이 있다. 날씨 기록을 찾았던 추억이 있다. 내용은 꾸며서 쓸 수 있어도 비가 온 날과 맑은 날은 정확하게 써야 한다는 강박관념 같은 게 있었다. 그런데 반 아이들의 일기를 찬찬히 읽어보고 날씨까지 확인한 교사가 있었을까? 아무튼 그만큼 우리는 순진했다. 어떻게 해서든 숙제를 완성하려고 노력을 했다. 지금 아이들도 우리와 다를 바가 없다. 그 아이들도 매일 일기 쓰는 일이 괴롭고 귀찮다. 자기도 하지 못했던 일을 아이들에게 강요하지 말자.

아이가 미래에 글을 잘 쓰게 하고 싶다면 다른 방법을 찾아볼 일이다. 하나의 주제에 대해서 생각을 확대해가면서 여러 번 글을 쓰는 방법이 있다. 좋은 글을 베껴 써보는 훈련도 매우 효과적이다. 매일 일상생활을 기록하는 일기는 큰 도움이 되지 않는다. 기왕에 일기에 대한 이야기가 나왔으니 한 가지 제안을 하고 싶다. 초등학교 방학 숙제에서 일기 쓰기는 빼주면 어떨까? 차라리 몇 개의 주제에 대한 글을 써내게 하는 편이 좋지 않을까? 아이들이 서로 교환해서 비교해볼 수도 있다. 교사들은 좋은 글을 발표시켜서 다른 아이들에게 도움을 줄 수 있지 않을까? 몇 십 년 동안 형식적인 수준에 머물렀다면 변화를 추구해야 한다. 그대로 두면 교육이 아니다.

| 추천의 글 |

나는 아이에게 조기교육과 선행교육을 시키지 않았다. 그렇지만 마음 한구석에는 아이가 경쟁에서 뒤떨어질 수도 있다는 생각에 불안감이 없지 않았다. 이 책은 조기 영어 교육과 선행교육에 대한 부담으로부터 나를 한없이 자유롭게 해주었다. 이 책에서 제시한 특목고 입학전형의 정책적인 제안이 반드시 실행되면 좋겠다. 세 아이를 키우고 있는 부모에게 이 책은 큰 위안이자 감동으로 다가왔다.

—경기도 백문초 4학년 이혜린 엄마

핵가족 세대에서 아이를 키우면서 '어떤 공부를 언제 어떻게 하는가'는 고민거리가 아닐 수 없었다. 영어 조기교육이 왜 무의미한 것인지, 초등학생의 선행학습이 왜 위험한 것인지, 왜 모국어가 중요한 것인지를 자녀 교육을 해본 부모로서 경험을 이야기해주고, 합리적이고 논리적으로 제시해주고 있다. 무엇보다 이 책은 나의 아이에게 엄마인 내가 얼마나 중요하고 절대적인 존재인지, 그 아이에게 어떤 사랑을 어떻게 주어야 하는지에 대해 깊게 생각하게 한다. 이 책을 아이 방에 두고 남편과 함께 늘 읽으면서 아이를 키우고 싶다.

—서울 상현초 1학년 이승원 엄마

엄마로서 아이를 위해 기꺼이 헌신할 마음을 가지고 있었다. 그러나 나의 헌신과 희생에 오히려 아이가 희생될 수 있다는 대목에서 굉장히 큰 충격을 받았다. 내가 이 책을 접하지 못했다면 우리 아이도 지옥과 같은 아동기와 청소년기를 보내게 되었을 것이다. "영어를 못해도 아이를 사랑하면 엄마다"라는 꼭지에서 나도 훌륭한 엄마가 될 수 있다는 자신감을 얻었다.

—서울 염동초 1학년 김가현 엄마

03

# 자녀는 누구인가?

# 자녀는 누구인가?

우리가 키우고 있는 아이들은 우주에 한 사람밖에 없는 유일한 존재이다. 아이들은 존재 그 자체로 존중되어야 한다. 세상에 하나밖에 없는 희귀 동물, 희귀 식물을 보존하기 위해서도 우리는 엄청난 비용을 지불한다. 그 동물과 식물이 다른 동물이나 식물에 비해 더 우월한 가치를 지니고 있어서 보존을 하는 것이 아니다. 그 존재 자체가 인류에게 의미가 있기 때문에 보존하는 것이다. 아이들은 동물이나 식물이 아니다. 그들은 인간이다. 인간은 누구나 동물과 식물에 비교할 수 없을 정도의 능력을 지니고 있다. 동물, 식물보다 부족하거나 가치가 없는 아이는 없다. 아이들은 동시대에 살고 있는 주변의 아이들과도 비교의 대상이 될 수 없다. 우리의 자녀는 독특한 특성을 가지고 태어났다. 그들은 누구도 할 수 없는 무엇인가를 할 수 있는 가능성을 가진 존재이다. 세상에 도움이 되는 무엇을 할 수 없다고 해도 그들은 존재할 가치가 있다. 그들은 사람이다.

'실존이 본질에 앞선다'는 실존주의 철학을 함축하는 말이다. 인간이 어떠해야 한다는 당위성이 본질이고 현존하는 인간이 실존이다. 우리가 사용하는 모든 단어의 개념은 머릿속에 저장되어 있다. 우리는 '꽃', '의자'라는 말을 들으면 그 단어에 저장된 개념을 떠올린다. 꽃은 '아름답고 향기를 지닌 어떤 것'이다. 의자는 '우리가 앉을 수 있는 어떤 것'이다. 실존주의에서 말하는 본질은 바로 그 어떤 것이다. 그러나 실존은 다르다. 세상에는 무수한 꽃과 의자가 있다. 수백 종의 꽃이 있고 수만 가지의 의자가 있다. 그 꽃들과 의자들이 모두 실존이다. 어떤 꽃이든 가치가 있다. 시든 꽃도 꽃이다. 우리의 머릿속에는 '인간'에 대한 개념도 저장되어 있다. 인간은 눈과 귀가 둘이고, 코와 입이 하나인 동물이다. 인간은 팔과 다리가 둘이고, 머리, 몸통으로 구성되어 있다. 인간이 지닌 일반적인 특징이다. 그러나 인간은 각자 자기만의 고유한 특성도 지니고 있다. 겉모습도 다르지만 속도 다르다. 모든 꽃이 꽃으로서 대접을 받듯이 인간도 인간으로 대접을 받아야 한다. 꼽추도 인간이고, 자폐증이 있어도 인간이다. 세상에 존재하는 모든 인간은 실존이다. 인간은 어떠해야 한다는 당위성이 있다. 그러나 현존하는 인간이 그 본질에 앞선다. 모든 아이들은 있는 그대로 존중되어야 한다. 엄마들이 바라는 아이들은 당위성이다. 우리 앞에 서 있는 아이들이 실존이다.

우리의 자녀가 지금 영어를 잘하지 못할 수도 있다. 운동 능력이 떨어질 수도 있다. 반면 수학을 잘할 수도 있다. 예술에 재능을 가진 아이일 수도 있다. 아무런 재능이 없을 수도 있다. 그러나 현재의 능력으로 그들을 평가하지 않아야 한다. 중학생, 고등학생이 되었다고 해도 그들을 평가하기에는 아직 이르다. 자녀가 공부를 잘하든 못하든 그들은 우리의 자녀이다. 부모에게 자녀보다 더 소중한 사람은 세상에 없다. 세상에서 우리가 가장 사랑하는 자녀이다. 우리는 일시적으로 아이에게 화를 내기도 한다. 때로는 미운 마음이 들기도 한다. 하지만 끝까지 미워할 수 없다. 자식은 평생 버릴 수 없는 존재이다.

우리는 "내가 그의 이름을 불러주었을 때/그는 나에게로 와서/꽃이 되었다"라는 김춘수 시인의 시 한 구절을 기억하고 있다. 우리 앞에 서 있는 유치원생, 초등학생도 엄마가 그대로 인정해주어야 아이이다. 아이는 있는 그대로의 실존이다. 실존하는 아이가 엄마가 원하는 미래의 아이보다 앞선다.

# 아이는
# 나무가
# 아니다

'될 성 부른 나무 떡잎부터 알아본다'라는 말이 있다. 틀린 말이 아니다. 떡잎을 보면 그 식물이나 나무가 어떻게 성장할지 알 수 있다. 많은 씨앗을 뿌려서 싹이 트고 나면, 농민들은 떡잎을 보고 아무리 키워도 잘 자랄 가능성이 없는 것들을 솎아낸다. 대신 건강하게 보이는 것들을 남겨서 열심히 키운다. 그러나 이 말은 인간에게는 적용될 수 없다. 우리가 키우는 아이들은 나무가 아니라 사람이다. 나무에게 할 수 있는 일은 거름을 주고, 물을 주는 일밖에 없다. 그러나 사람은 교육을 할 수 있다. 사람은 교육에 의해서 변화될 수 있는 가능성을 가진 존재이다. 사람은 누구나 무한한 가능성을 가지고 있다.

말하지 않아도 혼자서 할 일을 다하는 아이도 있다. 혼자서 공부도 잘하고 성적도 좋은 아이들도 있다. 침이 마르도록 자랑하고 싶은 아이들이다. 그런데 그 반대로 할 일도 제대로 못 하는 아이도 있다. 공부를 못해서 꼴찌를 하는 아이들도 있다. 아이마다 교육하는 방법을 달리해야 한다. 학교에서 꼴찌를 하는 초등학생 아이들에게는 이런 말이 필요하다. "초등학교에서 공부 잘하던 아이들이 고등학교에서도 모두 계속 잘하는 건 아니야. 아빠도 초등학교 다닐 때 꼴찌였어." 고등학교에서 꼴찌인 자녀에게는 이런 말이 필요하다. "학교에서 공부 잘한다고 사회에서도 성공하는 것은 아니다. 아빠 친구 아들은 서울대 법대에 들어갔다고 하더니, 나이가 마흔이 다 되어가는데 신림동 고시촌에서 아직도 고시 공부 하고 있다더라. 또 다른 친구 아들은 대학을 졸업하고 몇 년 놀더니 지금은 취직 포기하고 집에서 게임만 한다더라. 그러니 성적이 좀 떨어진다고 기죽지 마라."

우리 아이의 초등학교 시절 별명은 비정상이었다. 아이의 이름에서 시작된 별명이다. 그 별명을 얻게 된 이유는 '천재'라는 말 때문이었다. 아이는 초등학교 시절 공부 못한다고 나머지 공부도 했다. 받아쓰기를 몇 개월 동안 0점을 받았다. 그렇지만 친구들에게 늘 자기는 천재라고 소개를 했다. 그러고 다녔으니 비정상이라고 불릴 만도 하다. 나는 그 아이를 꾸중하지 않았다. 천재는 아니지만 스스로 천재라고 하면서 자신감을 갖는 것이 좋아 보였다. 그래서 "그래! 너는 천재야!"라고 격려해주었다. 언제든 마음만 먹으면 공부든 무엇이든 다 잘할 수 있다고 말해주었다. 그렇게 미래를 이야기했다. 공부는 나중에 잘하면 되는 것이다. 그리고 분명히 잘할 수 있다고 끊임없이 자신감을 심어주었다. 실제로 나는 그렇게 믿고 있었다. 미래의 일은 미래에 생각하면 된다.

초등학교에 다니는 아이에게는 꿈과 희망이 필요하다. 초등학교 때 키가 작던 아이가 중학생, 고등학생이 되면 키가 큰 아이가 될 수도 있다. 초등학교 때 꼴찌였던 아이가 우등생이 될 수도 있다. 거꾸로 초등학교 때 우등생이었던 아이가 꼴찌가 될 수도 있다. 초등학교 시절에 성취한 결과로 아이들을 평가하지 않아야 한다.

# 왜 10점 받은 아이가 더 행복할까?

우리 아이는 핀란드에서 유치원 시절을 보냈다. 핀란드의 유치원에서는 글자를 가르치지 않는다. 알파벳을 가르치지 않는다는 의미이다. 나는 한국에서도 초등학교 입학 전에는 글자를 가르치지 않을 생각을 가지고 있었다. 아이가 핀란드에서 그 시절을 보내게 된 것은 참으로 다행이었다. 한국에서 아이를 키웠다면 우리도 아이에게 영어는 아니더라도 한글을 가르쳤을 가능성이 있다. 8월에 귀국을 해서 아이를 초등학교에 입학시키려 했지만 글자를 모른다는 이유로 입학을 거부당했다. 그래서 이듬해에 학교에 갔지만 아이는 여전히 글자를 배우지 않았다.

글자를 배우지 않고 입학을 했지만 아이는 재미있게 학교를 다녔다. 학교에서 보는 받아쓰기 시험에서 매번 0점을 받았다. 글자를 모르고 학교에 갔으니 당연한 결과이다. 나는 기다리기로 했다. 어차피 학교에 다니다 보면 한글을 익힐 것이다. 아무리 늦어도 2학년이 되면 글자를 깨칠 수 있다는 믿음을 가지고 있었다. 한글은 알파벳과 달리 과학적인 글자이다. 아이들이 한글을 깨치는 일이 그리 어렵지 않다. 그렇게 0점을 받아오던 아이가 하루는 시험지를 손에 들고 신이 나서 집으로 달려왔다. 받아쓰기 시험에서 처음으로 10점을 받았다는 것이다. 드디어 한 문제를 맞힌 것이다. 나는 아이를 번쩍 들어올려서 정말로 잘했다고 칭찬을 해주었다. 그러고 나서 아이가 먹고 싶다는 햄버거도 사주었다. 그리고 몇 시간을 운동장에서 신나게 운동을 했다. 그날 저녁 집에 들어와서 아이에게 말을 했다. "야! 다음에는 30점 한번 받아봐라." 아이는 기대했던 것을 넘어서 50점을 받았다. 이후에 받아쓰기가 집에서 화제가 된 적은 없다. 몇 점을 받든 아이가 책을 읽고, 글을 쓸 수 있을 만큼 한글을 익혔기 때문이다. 만약 10점을 받은 아이에게 "야! 이제서 겨우 한 문제 맞았니? 언제 100점 받아올래?" 하고 말을 했다면 아이는 정말로 우울했을 것이다. 자기 인생에서 처음으로 10점을 받고 자랑하고 싶어서 아이는 집으로 달려왔다. 그 아이에게 100점은 엄청난 부담이 되었을 것이다.

10점을 받은 아이는 신이 나서 달려왔다. 그런데 왜 90점을 받은 아이는 굳은 표정을 하고 불안해하면서 집으로 향하고 있을까? 100점을 받지 못해서 엄마에게 혼날 일이 겁이 나기 때문이다. 한 문제밖에 틀리지 않은 아이가 큰 죄라도 지은 듯이 풀이 죽어서 집으로 가는 엘리베이터 안에서 고개를 숙이고 있다. 그 아이는 저녁 내내 엄마가 불러주는 문장을 받아써야 한다. 다른 것은 몰라도 받아쓰기 정도는 반드시 100점을 받아야 한다는 것이 엄마의 욕심이다. 엄마의 눈에는 맞게 답한 9개가 보이지 않고 틀린 1개의 문제가 보인다.

초등학교 1학년 아이가 받아쓰기를 50점을 받았든, 90점을 받았든 그것은 중요하지 않다. 어차피 2학년이 되어서도 한글을 깨치지 못하는 아이들은 거의 없다. 2학년이 되어도 한글을 깨치지 못한다면 특수한 교육이 필요한 아이이다. 학교와 가정에서 이들을 위한 교육 방법을 마련해야 한다. 아이들은 1학년 때 즐겁게 학교에 다녀야 한다. 그들에게 받아쓰기 100점이란 참으로 커다란 무게로 다가온다. 한글 교육은 길어야 1년 짧게는 몇 개월만 기다리면 해결된다. 그 몇 개월을 참지 못해서 아이를 앉혀놓고 엄마가 받아쓰기 연습을 시킬 필요가 없다. 시간이 지나도 아이가 글자를 깨치지 못한다면 학교의 교사들이 나머지 공부라도 시켜서 깨우쳐줄 것이다. 엄마가 나설 일이 아니다.

부모가 믿음을 가지고 기다리면 아이는 무엇이든 해낸다. 초등학교에서 받아쓰기 100점을 받는 것은 언젠가는 가능한 일이다.

1학년 내내 못 해내면 2학년 때 해낼 것이다. 그때도 못 하면 3학년이 되면 해낸다. 끝까지 받아쓰기를 만점을 받지 못하는 아이는 없다. 조금만 인내심을 가지고 기다리면 아이들은 해낸다. 남들보다 떨어진다고 다그치고, 앉혀놓고 몇 시간씩 훈련을 시킬 일이 아니다. 아이는 그 과정을 통해서 배우는 것이 있다. 마침내 성공하면 성취감을 느낄 수 있다. 우리 사회에 한동안 칭찬에 대한 예찬론이 일었었다. 칭찬은 고래도 춤추게 한다고 한다. 나는 고래에게 칭찬을 해본 적이 없다. 어떻게 하는 것이 고래를 칭찬하는 방법인지 알지 못한다. 칭찬을 하면 고래가 춤을 추듯이 우리가 원하는 것을 아이가 해줄 것이라고 생각하면 오산이다. 우리가 키우는 아이들은 고래가 아니다. 우리의 아이들은 생각할 줄 알고, 말의 의미를 알아듣는 이성적인 인간이다. 무조건 칭찬을 한다고 해서 아이들이 춤을 추지는 않는다. 아이가 받아쓰기 100점을 받았다고 침이 마르도록 칭찬을 한다고 아이가 좋아하는 것이 아니다. 10점을 받아서 진정으로 칭찬받고 싶을 때 받는 칭찬이 진정한 의미의 칭찬이다. 100점을 받았다고 칭찬하는 것은 오히려 부담이다. 다음에도 100점을 받아야 칭찬을 받을 수 있다는 압박감을 준다. 100점을 받았다면 담담하게 그리고 약간은 무관심하게 받아들이는 것도 좋은 방법이다.

가족들이나 여러 사람이 모인 자리에서 아이가 노래를 잘한다고 칭찬을 하는 때가 있다. 그런데 노래를 해보라고 해도 선뜻

나서지 않는 아이들이 있다. 그들은 칭찬을 하면 춤을 추는 고래가 아니기 때문이다. 아이들은 그 자리에 서는 것을 어색하게 느낄 수 있다. 여러 사람 앞에서 노래 부르는 것을 부끄러워하는 아이들도 있다. 이럴 때 부모들은 "노래 한번 해볼래?" 하고 의사를 묻는 것으로 끝내야 한다. 신명이 있는 아이들은 바로 나서서 노래를 할 것이다. 그렇지 않는다면 아이의 의사를 존중해주어야 한다. 다른 친족 또는 부모의 친구들 앞에서 아이가 노래를 해야 할 이유가 없다. 아이는 노래를 부르고 싶어서 불렀다. 남 앞에서 자랑하고 싶어서 부른 노래가 아니다.

핀란드에서는 초등학교 5학년까지는 구체적인 성적을 표시할 수 없도록 법으로 금지되어 있다. 이는 성장하고 발전하고 있는 아이들을 미리 특정 잣대로 규정짓지 않으려는 세심한 배려에서 출발한 결론이다. 우리도 초등학교에서는 어떤 시험이든 점수로 평가하지 않는 방법을 고안해야 할 필요성을 절감한다. 꼭 학교의 관행과 제도가 그러한 배려를 하지 못해도 엄마가 그것을 극복할 수 있다. 이것이 엄마가 해야 하는 중요한 역할이다. 엄마는 어린 시절부터 아이들의 점수에 민감하게 반응하지 않는 법을 배워야 한다. 중학교에서 70점, 80점과 100점을 받은 학생 사이에 어떤 차이가 있을까? 일시적인 차이가 있을 뿐이다. 학원에서 문제풀이 훈련을 받고 100점을 받은 학생보다 혼자 공부해서 70점 받은 학생이 더 나을 수 있다. 엄마는 성적표에서 아이가 가장 좋은 성적을 받은 과목을 보아야 한다. 그리고 그 과목에 대해서 칭찬해야 한다. 아이들은 엄마의 그 모습에 감동한다. 무엇을 보충해야 할지 아이들이 엄마보다 더 잘 알고 있다. 아이가 4과목에서 100점을 받고 2과목에서 90점을 받았다면 엄마는 100점 받은 과목만 보는 눈을 길러야 한다. 나머지 90점 받은 과목은 언급할 필요가 없다. 아이는 다음 시험에서 무엇을 더 공부해야 하는지 이미 알고 있다. 엄마가 잘한 것은 빼고 90점 받은 과목에 대해서 질책을 하면 아이들은 갈 곳이 없다. 어떤 상황에서도 내가 찾는 엄마는 나를 감싸주는 사람이다.

# 물건 한 번 훔쳤다고 도둑일까?

어느 날 문구점 주인에게서 전화가 왔다. 아이가 문구점에서 물건을 훔치다가 들통이 난 것이다. 나는 문구점 주인에게 아이 교육을 어떻게 시켰냐고 핀잔을 들어야 했다. 물건 값을 지불하고 돌아섰다. 그렇지만 아이에게 왜 물건을 훔쳤느냐고 다그치지 않았다. 그리고 혼을 내지도 않았다. 오히려 아빠가 있을 때 훔치면 가려줄 수 있었는데 왜 혼자 있을 때 그랬느냐고 했다. 물론 갖고 싶은 것이 있으면 돈을 줄 테니 정당하게 물건을 사라는 충고도 했다. 아이는 주인이 집으로 전화를 하고 아빠가 가게에 도착할 때까지 몹시 두려웠을 것이다. 실제로 겁에 질려 있었다. 만약 그런 아이에게 그 자리에서 회초리를 들거나 마구 꾸짖었다면 아이는 어떻게 되었을까?

부모는 남의 물건을 훔치지 말라고 교육을 해야 한다. 그러나 사건은 벌어졌고, 아이는 물건을 훔쳤다. 자녀 교육이 잘못되어서 아이가 물건을 훔쳤다고 해도 할 말이 없다. 하지만 나는 그렇게 생각하지 않는다. 어른들 중에 어린 시절에 남의 물건을 한 번도 훔치지 않은 사람이 몇 명이나 될까? 교장선생님들을 대상으로 한 특강에서 질문을 던진 적이 있다. 평생을 살면서 아니 초등학교 시절에 한 번도 물건을 훔치지 않은 교장선생님이 있는지? 아무도 손을 들지 않았다. 누구에게나 크든 작든 그러한 경험이 한두 번은 있다. 교장선생님들도 어린 시절에 그런 경험을 했다. 아이가 문구점에서 작은 물건 하나 훔쳤다고 그렇게 혼낼 일이 아니다. 선생님은, 그리고 그것을 목격한 어른은 당연히 아이의 행동을 지적하고, 필요하면 혼도 내야 한다. 하지만 엄마는 그럴 필요가 없다. 엄마는 그래도 아이의 편에 서는 것이 낫다. 아이는 이미 자기가 무엇을 잘못했는지 알고 있다. 알고 있지만 순간적으로 그것이 몹시 갖고 싶었거나 호기심에서 그런 짓을 한 것이다. 아이는 걸리지 않았다면 한동안 그런 행동을 계속할 수도 있었다. 어쩌면 이전부터 많은 물건을 훔쳐왔을 수도 있다. 그렇지만 물건 몇 번 훔쳤다고 아이가 절도범이 되는 것은 아니다. 그 긴장된 순간에 아이의 잘못을 지적할 필요가 없다. 시간이 흐른 다음 웃으면서 아이에게 그것이 그릇된 행동임을 알려줄 수 있다. "엄마가 문구점에서 무척 창피했다. 앞으로는 그런 짓은 하지 마라"와 같은 말 한마디로 충분하다.

아이들은 숨기는 일이 많다. 엄마는 굳이 다 알려고 할 필요도 없다. 그런데 아이들에게는 잘못한 일을 터놓고 말할 수 있는 사람이 필요하다. 그 사람이 바로 엄마이다. 엄마는 모든 것을 받아줄 수 있는 존재로 남아야 한다. 아이들이 정녕 힘들고 고단할 때 받아주는 사람이 있어야 한다. 엄마가 그 역할을 해주어야 한다. 학교에서 친구와 다툰 일, 시험에서 한 줄을 밀려 쓴 일도 터놓고 얘기할 수 있어야 한다. 어쩌다 성적이 떨어져도 엄마에게는 말할 수 있어야 한다. 그래야 아이들이 성적을 위조하지 않는다. 엄마가 성적에 집착하기 때문에 아이들은 성적을 위조해서 보여준다. 그리고 한 번 그러한 일을 하고 나면 돌이킬 수 없다. 아이들은 있는 그대로를 받아줄 수 있는 상대가 없을 때 거짓말을 한다. 아무리 잘못된 일이 있어도 받아줄 수 있는 사람은 부모밖에 없다. 교사는 그 역할을 해줄 수 없다. 교사는 항상 올바른 길을 이야기하고, 잘못된 일을 바로잡아주는 사람들이다. 엄마는 다르다. 엄마는 잘못된 일이 있어도 받아줄 수 있고, 용서할 수 있고, 상의할 수 있다. 그리고 그렇게 할 수 있는 사람은 세상에 엄마밖에 없다. 아버지도 그 역할을 하기는 쉽지 않다. 아이가 학원에 가기 싫어서 일부러 기침을 하는 일은 없어야 한다. 엄마에게는 솔직하게 오늘은 학원에 가고 싶지 않다고 말할 수 있어야 한다. 아이가 편안하게 하고 싶은 것을 할 수 있도록 엄마는 도움을 주어야 한다.

# 누가 생활계획표대로 살았을까?

자녀 교육에 대한 책들을 읽어보면 하나같이 빠지지 않고 생활계획표 또는 일정표를 추천하는 것을 볼 수 있다. 실제로 우리가 성장할 때에도 일일 생활계획표는 늘 존재했다. 방학을 앞둔 시점에는 방학 생활계획표를 만들어서 내야 했다. 아침 기상 시간, 공부 시간, 노는 시간, 식사 시간, 잠자는 시간 등이 필수로 기재되었다. 지금도 자녀 교육에 관한 책에서는 교육학적 분석을 겸한 생활계획표를 제시하고 있다. 그런데 나는 그 책을 읽으면서 웃음을 참을 수가 없었다. 그 책을 쓴 저자들은 방학을 계획표대로 보냈을까? 그리고 계획표를 짜고 있는 부모들에게 묻고 싶다. 당신들은 어린 시절 짜놓은 계획표대로 방학을 보낸 적이 있는지? 단 일주일이라도 그 시간표대로 생활을 해본 적이 있는지?

우리는 자신도 하지 못했던 일을 아이들에게 강요하고 있다. 우리가 키우는 아이들은 말 그대로 아이들이다. 우리 아이들은 군인도 아니고, 기계도 아니다. 왜 그들이 일정표대로 생활을 해야 하는지 이해할 수가 없다. 방학 기간에 왜 7시에 기상이라고 써어 있는 시간표대로 일어나야 할까? 왜 아이들은 9시부터 11시까지 정해진 공부를 해야 하고, 1시부터 3시까지 정해진 시간에 놀아야 할까? 아이들은 시간의 지배를 받는 기계가 아니다. 공부가 잘 되면 밤을 새워 공부할 수도 있다. 늦게까지 공부한 다음 날에는 10시 또는 12시에 일어날 수도 있다. 저녁 8시부터 10시까지가 공부 시간이지만 하기 싫으면 8시에 잠을 잘 수도 있다. 그 시간에 야구 경기를 볼 수도 있다. 부모들도 일과표를 정해서 생활하는 사람이 없다. 어쩌다 새벽 2시까지 재미있는 영화를 볼 수도 있다. 그런데 아이들에게 10시가 되면 무조건 잠을 자라고 하는 것은 잔인하다. 아이들도 때로는 밤 12시 또는 새벽 2시까지 하고 싶은 일이 있을 수 있다. 반드시 영화를 보고, 게임을 하고 싶은 것이 아니다. 풀리지 않는 수학 문제를 끝까지 풀어보고 싶을 때가 있다. 새벽 2시까지 문제와 씨름을 하면서 시간가는 줄 모르고 공부를 할 수도 있다.

일정표에 따른 생활의 강요는 아이들이 자신감을 잃게 할 수 있다. 어차피 아이들은 일정표대로 생활을 할 수가 없다. 어른들도 끝까지 실천한 사람이 거의 없다. 아이들은 시간표대로 생활을 하지 못해서 죄책감에 사로잡힌다. 시간표대로 생활을 하지 않아서 부모님의 눈치를 살핀다. 공부하고 싶지 않은 날에도 공부방에 들어가야 한다. 그저 책상 앞에 앉아서 공상이나 하는 헛된 시간을 보낼 수밖에 없다. 그렇게 아이들은 형식적인 시간 보내기에 익숙해진다. 실질적으로 자신에게 도움이 되는 일을 하지 못하게 된다.

자녀 교육에서 필요한 것은 하루 생활을 통제하는 일정표가 아니다. 자녀가 18세까지 성장하면서 필요한 큰 계획의 틀이 필요하다. 가정과 학교에서 어른을 공경하고 국가에 대한 애국심을 배양하도록 교육해야 한다. 동시대에 살고 있는 사람들을 삶의 동반자로 인식하는 가치관을 형성하도록 지도를 해야 한다. 자연과 교감하는 방법을 가르치는 일도 중요하다. 인성 교육은 평생 해야 하는 교육이다. 인성 교육이 기본이지만 미래의 사회 구성원으로서 살아갈 수 있는 세밀한 능력을 배양하는 것도 중요하다. 다음은 내가 아이 교육을 하면서 세워본 틀이다.

타고난 대로 성장하도록 내버려 두는 것이 올바른 교육이라는 주장도 있다. 하지만 아이들의 성장 과정에서 시기를 놓치면 회복하기 어려운 교육이 있다. 손을 쓰는 능력, 운동감각, 모국어 능력 등은 제때에 교육이 이루어지지 않으면 회복할 수 있는 기회가 없다. 옆집 초등학생이 학원에 가서 고등학교 내용을 배운다고 해서

**성장 단계에서 아이에게 필요한 것**

| | |
|---|---|
| 3세 이전 | 걷고 뛰는 능력, 모국어 습득 |
| 4~7세 | 달리기, 자전거 타기, 수영, 손을 쓰는 감각 |
| 초등학교 1~2학년 | 한국어 말하기, 산수, 운동 능력과 감각, 그림, 악기, 각종 스포츠 |
| 초등 3~4학년 | 분수, 수학적 사고, 일상생활 능력 |
| 초등 5~6학년 | 비판적·논리적 사고 능력 |
| 중학 1~2학년 | 영어, 한국어 글쓰기, 책 읽기 |
| 중학 3학년 | 국어, 영어, 수학 선행교육 |
| 고등 1~2학년 | 학습의 집중력, 지구력, 자제력 |
| 고등학교 3학년 | 미래 설계, 대학일까? 직업일까? |

내 아이를 학원에 보낼 필요는 없다. 아이의 현재 상태와 관심사를 고려하고 아이와 상의를 해야 한다. 학원에 보내서 잘 알지도 못하는 고등학교 과정을 배운다고 아이가 나중에 공부를 잘하는 것은 아니다. 큰 계획의 틀이 있어야 흔들리지 않는다.

부모가 자녀 교육을 계획해도 아이들은 부모가 원하는 대로 성장하지 않을 수 있다. 아이들은 대부분 부모의 기대에 부응하지 못한다. 아이를 태권도, 피아노, 미술, 발레, 영어 학원에 보내지만 아이들은 6개월을 넘기지 못하고 싫증을 내는 일이 허다하다. 부모들은 아이가 꾸준히 3-4년을 학원에 다녀서 일정 수준에 이르기를 바란다. 딸 수 있으면 자격증이라도 따기를 원한다. 그것은 부모의 욕심이다. 하나라도 흥미를 느껴서 그것을 지속적으로 하려는 아이가 있다면 부모는 만족해야 한다. 그리고 그 아이를 칭찬해주어야 한다.

어려서부터 규칙적인 생활을 하도록 아이를 지도하는 부모를 비난하고 싶지 않다. 그러나 아이를 옥죄는 틀을 만들어서 강요하지 않아야 한다. 엄마도 과거에 생활계획표대로 방학을 보내지 않았다. 대한민국에 그렇게 방학을 보낸 사람이 있을까? 아무도 실천하지 못한 일을 왜 사랑하는 자녀에게 시키고 있을까? 무모하고 과도한 열정이다.

# 아이에게
# 감사하며 살아가면
# 어떨까?

부모는 아이가 태어나기 전에 초조하다. 정상적인 건강한 아이로 태어나기를 기도한다. 다른 욕심이 없다. 머리 좋은 천재를 바라지 않는다. 특별한 재능을 타고나기를 기대하지 않는다. 이목구비 다 갖추고 사지 멀쩡하면 마음이 놓인다. 그 순간 부모는 감사의 마음을 갖는다. 누구에게 고마운 것일까? 아이이다. 우리는 건강하게 살아서 태어난 아이에게 감사했다. 아이가 잘생긴 것도 아니었다. 그리고 그 아이를 옆에 누워 있는 아이와 비교하지 않았다.

아이를 키우면서 부모들은 그 긴장의 순간을 잊어버린다. 건강하게 태어난 것이 당연한 일이 되어버린다. 아이를 키우는 일은 항상 그렇다. 지금 눈앞에 다가온 상황이 가장 큰일처럼 느껴진다.

유치원, 초등학교, 중학교, 고등학교 입학 때마다 긴장을 한다. 그 이후에도 취업, 대학, 결혼과 같은 삶의 중요한 전환점들이 아이 앞에 놓여 있다. 부모에게는 늘 걱정이 되는 순간들이다. 그러나 지나고 나면 일상적인 일이다. 잊혀지는 일이다. 매 순간마다 부모가 욕심을 부리기도 하지만 그것은 아이의 삶이다.

우리 아이가 고2 시절에 갑자기 삭발을 하고 집에 온 적이 있다. 왜 고등학교를 다니면서 공부를 해야 하는지 모르겠다고 했다. 나는 허름한 술집에서 아이와 밤새 술을 마셨다. 아이가 하는 말을 들어주었다. 그리고 나는 아이에게 공부하라고 말한 적이 없다고 했다. 지금 공부하기 싫으면 나중에 해도 된다고 했다. 그해 여름방학 동안 아이는 단 한 시간도 책을 보지 않았다. 나는 힘들었지만 기다렸다. 아이가 스스로 내적 동기를 찾기를 기다렸다. 다행히 2개월 만에 아이는 방황을 끝내고 돌아왔다.

나는 아이가 하고 싶은 일을 찾아서 즐겁게 살고 있음에 만족한다. 아이가 선배, 친구, 후배들과 어울려서 행복하게 살아가는 모습이 좋아 보인다. 아이가 미래에 대한민국을 위해서 무엇을 할지 알 수 없다. 그러나 그 일도 행복한 마음으로 하기를 바란다. 우리 부모들이 아이가 건강하게 태어났을 때의 고마움으로 아이를 바라보면 어떨까? 아이의 성공으로 부모가 행복할 수 있다. 그러나 더 중요한 것이 있다. 아이가 행복해야 한다.

04

# 조기 영어 교육이 독약이다

# 영어가
# 독약이다

언젠가 영어교사를 대상으로 한 특강 자리에서 한 영어교사가 푸념을 늘어놓았다. 그 교사의 6살 된 아이는 목동에서 영어 전문 학원에 다니고 있는데, 푸념 내용은 대략 다음과 같다.

> '아이가 다니는 학원에서 일주일에 한 번씩 보는 단어 시험 때문에 정말 짜증이 난다. 매번 단어 5개씩 시험을 보는데 영어교사인 자기가 집에서 정말로 시달린다. 시험 전에 단어를 가르쳐야 하는 것은 물론, 시험에서 1개라도 틀리면 같은 반의 엄마들에게 소문이 금방 돌기 때문에 만점을 받지 못하면 아이 엄마가 난리가 난다. 그것 때문에 집에서 아내와 갈등을 겪고 있으며, 스트레스가 엄청나다. 도대체 왜 시험을 보는지 알 수가 없다.'

그 교사는 그 상황을 어떻게 돌파할 것인지를 묻지 않았다. 나는 강의에서 학원에 보내지 않으면 그러한 갈등을 겪을 이유가 없다고 했다. 여섯 살 된 아이가 일주일에 5개의 단어를 배우고 암기해도 1년이면 280개에 불과하다. 그 단어들 중에 3분의 2를 기억한다고 하면 대략 190개의 단어를 아이가 학습하는 것이다. 물론 시험에 나오는 단어만 배우는 것은 아니다. 양보해서 1년에 300개의 단어를 익히고 그 단어들로 구성된 문장을 배운다고 치자. 이를 위해서 아이는 일주일에 5일씩 아침부터 학원에 간다. 점심도 학원에서 먹는다. 이를 위해 엄마는 아빠가 벌어오는 월급의 1/4 이상을 지불해야 한다. 경제적인 부담, 영어 교육으로 인한 부모들의 갈등과 다툼은 엄마가 한 선택이니 논외로 하자.

유치원생을 영어 전문학원에 보내면 집에서는 위와 같은 일이 일상적으로 발생한다. 부모들은 아이의 시험 때문에 스트레스를 받는다고 불만을 토로하고 있다. 그러면 그 시험을 보고 있는 아이는 얼마나 스트레스를 받고 있는지 상상이라도 해보았는가? 아이는 부모보다 10배, 100배의 스트레스를 받고 있다. 말로 표현을 하지 못할 뿐이다. 그 아이는 스트레스가 무엇인지도 모른다. 엄마가 학원에 보내주었다. 엄마에게 잘 보이려면 학원에 열심히 다녀야 한다. 그리고 엄마, 아빠가 싸움을 하지 않도록 아이는 100점을 받기 위해 애를 쓴다. 그리고 아이는 100점을 받으면 쉴 수 있다. 집에서 그 지겨운 영어 공부를 엄마와 따로 할 필요가 없다. 아이는 한 문제도 틀리지 않기 위해 영어 단어를 외운다.

아이를 일반 유치원에 보내는 부모들도 아이의 영어 공부 때문에 스트레스를 받는다. 유치원에서 영어는 특별한 아이들이 배우는 과목이 아니다. 일반 유치원에서도 영어는 필수 과목이 되었다. 경제적 여유가 있거나, 자녀 교육에 열성적인 부모들은 아이들을 일반 유치원에 보내지 않는다. 두세 배의 비용을 감수하고 영어유치원에 보낸다. 영어유치원에서는 원어민 교사들이 아이들에게 영어를 가르친다. 일반 유치원에서도 원어민 영어 교육이 보편화되는 추세이다. 영어유치원에서 내건 슬로건에는 '아이비리그의 시작'이라고 쓰인 것도 있다. 미국의 아이비리그에 도전할 고등학생이 다니는 학원이 아니다. 아직 초등학교 입학도 하지 않은 유치원생이 대상이다. 아직 영구치로 이갈이도 하지 않은 유아들이다. 유아들은 왜 영어를 배워야 하는지 알지 못한다. 그리고 영어가 무엇인지, 어디에서 쓰는 말인지도 모른다. 배운 영어를 사용해본 적도 없다. 그냥 엄마가 학원에 데리고 갔고, 거기에 갔더니 영어라는 말을 가르쳐준다. 그리고 아이들은 영어로 말을 해야 한다. 언어는 생존에 필요한 의사소통의 한 수단이다. 그런데 아이들은 생활에서 사용하지 않는 영어를 배우고 있다. 재미로 배우는 것이 아니다. 전문적인 학원에서 매일 원어민에게 배운다. 유치원 아이들이 왜 영어를 배우고 있을까?

21세기 들어서 세계화가 급속도로 진행되고 있다. 세계화 시대, 그리고 치열한 글로벌 경쟁 시대에 '영어는 선택이 아니라 필수'라는 말은 옳다. 아이들이 맞이해야 하는 미래는 지금보다 치열한 경쟁의 시대가 될 것이다. 부모들은 아이들이 어려움을 극복할 수 있도록 미리 준비시킬 책임도 있다. 부모로서 당연히 해야 할 일이다. 그런데 그 방법과 시기에 문제가 있다. 5세부터 시작해서 초등학교를 졸업할 때까지 아이들이 학원에서 배우는 영어 단어는 2,000개 수준이다. 그리고 그들이 말하고, 쓰고, 읽는 책들도 이 범주를 넘어서지 않는다. 이것이 5세부터 초등학교를 졸업하는 13세까지 학습하는 총량이다. 그런데 이것을 유치원 시절부터 배울 이유가 있을까? 영어 단어 'apple, banana, ask, take …'를 5세의 아이가 굳이 일찍 배워서 9년간 기억하고 있을 필요가 없다. 초등학교 3학년, 아니면 6학년을 졸업하면서 배워도 중학교에 들어가서 공부하는 데 지장이 없다.

# 왜 조기 영어 교육이 독약일까?

영어는 모국어와 달리 창의적, 비판적 사고에 영향을 미치는 과목이 아니다. 모국어는 시기를 놓치면 영원히 회복할 수 없다. 3-4세까지 아이들이 배우는 한국어의 어휘 수는 많지 않다. 그렇지만 아이들은 단어를 배우면서 단어의 개념을 함께 습득한다. 이를테면 '나무'라는 말을 배울 때는 나무에 대한 추상적인 개념을 습득하고 파악한다. 우리는 눈으로 확인할 수 없거나, 만질 수 없는 '사랑, 생명, 열정'과 같은 어휘를 추상명사라고 한다. 그렇지만 우리가 사용하는 어휘들은 모두 추상화된 개념이다. 아이들이 배우는 한국어의 '나무'라는 어휘도 추상적이다. 아이들은 소나무, 참나무, 전나무, 단풍나무를 수없이 보면서 '나무'의 일반적인 특징을 체득한다. 아이는 '나무'를 '뿌리, 줄기, 잎으로 구성된 식물'

로 기억한다. 그래서 아이들은 세상의 모든 나무를 '나무'라고 부르기 시작한다. 이것이 모국어를 습득하는 과정이다. 영어를 학습할 때는 이러한 추상화의 과정이 필요 없다. 아이는 모국어에서 습득한 '나무'의 개념을 영어의 'tree'로 대체하면 끝이다. 한국어를 습득하면서 거친 복잡한 과정을 다시 반복하지 않는다. 이것이 모국어와 외국어의 근본적인 차이이다. 한국어의 '경험'이라는 어휘를 모르는 아이에게 영어 단어 'experience'를 가르치면 무슨 일이 일어날까? 아이는 발음을 할 수는 있지만 학습이 이루어지지는 않는다. 마치 앵무새가 단어 몇 개를 발음하는 것과 다르지 않다. 앵무새는 발음을 할 뿐이다. 앵무새의 머릿속에 '사과, 나무, 감자'의 개념은 없다.

영어는 수학처럼 기초를 공부하고, 상위 단계에서 그것을 응용하는 과목이 아니다. 수학에서는 덧셈, 뺄셈을 배우고 곱셈, 나눗셈을 배워야 한다. 덧셈의 원리를 알아야 곱셈의 원리를 깨칠 수 있기 때문이다. 곱셈과 나눗셈을 알고 있어야 중학교에서 배우는 인수분해를 배울 수 있다. 그래서 수학은 초등학교 시절부터 기초를 다지지 않으면 상위 학년의 수업을 따라갈 수 없다. 그러나 영어는 기초를 알아야 다음 단계로 넘어가는 과목이 아니다. 단어를 배울 때 순서가 정해져 있지 않다. 모국어에서 습득한 개념이 있으면 'apple, banana'와 'passion, evidence'도 동시에 학습해도 문제가 되지 않는다. 문장과 원서를 읽음에도 기초와 고급이 따로 존재하지 않는다. 경제학 서적을 한국어로 읽을 수 있고 그에 해당하는 영어 단어를 알고 있다면 영어로 경제학 책을 읽을 수 있다.

바로 이러한 이유 때문에 조기에 영어를 배워야 할 이유가 없다. 13세에 영어 단어를 알고 있으면 되는 것이지 그것을 5세 때부터 알고 있었다고 결과가 달라지지 않는다. 7세 이전의 지적인 학습이 아이의 지적인 성장에 별 영향을 미치지 않음을 뒤에서 살펴볼 것이다. 조기에 영어 공부 하느라 배우지 못한 수영, 운동을 성인이 되어서 배우기는 쉽지 않다. 아이들에게 놀이는 세상의 그 무엇보다 중요한 일이다. 그리고 다른 친구들과 만들어가는 추억, 그리고 자유로운 사고는 시기를 잃으면 되찾을 수 없다. 부모는 아이들이 성장해서 성인이 되면 퇴장한다. 아이가 성인이 되면 독자적으로 세상을 살 수 있는 능력을 길러주어야 한다. 적절한 시기에 필요한 육체적, 정신적 성숙을 이끌어줄 수 있는 교육을 해야 한다. 초등학교 2학년 이전 시기의 영어 교육은 그래서 아이들에게 독약이 될 수 있다. 부모는 그 시기에는 영어가 아닌 한국어 교육에 치중해야 한다. 그리고 시간이 날 때마다 육체적 감각을 키울 수 있는 운동과 놀이를 할 수 있도록 부모가 배려해야 한다.

글로벌 경쟁력의 본질은 영어가 아니라 창의적, 비판적 사고이다. 창의적인 사고를 통해 아이들은 미래 사회에 필요한 것을 생각해낸다. 창의적, 비판적 사고의 원천은 모국어이다. 글로벌 경쟁력의 가능성을 열기 위해서 유치원 시절부터 영어를 배워야 할 이유가 없다. 유치원에서 영어 조금 배운다고 미래에 인재가 되는 것이 아니다. 진정으로 창의적인 인재라면 영어를 잘하는 사람이 그를 도와줄 수 있다. 영어가 먼저가 아니다. 우리 아이는 글로벌 인재가 아니라, 한국 사회에서도 적응하지 못하는 젊은이가 될 수도 있다. 성인이 되어서 영어를 쓰지 않는 직업에 종사할 수도 있다. 조기에 영어를 배우기 위해 아이들이 보낸 시간과 스트레스는 어디에서도 보상받을 수 없다. 영어의 중요성에 대한 인식은 부모와 학원이 심어준 논리이지, 아이의 머릿속에서 형성된 논리가 아니다. 아이들은 자기의 의지를 반영해서 주도적으로 영어 학습을 하지 않는다. 엄마들은 아이가 영어에 흥미를 가지고 있다고 말하지만, 아이에게 영어 학습이 놀이보다 재미있을까?

# 한 달 만에 완전히 잊혀진 핀란드어

우리 아이는 4년간 핀란드의 유치원을 다녔다. 핀란드에서 지낸 시간이 4년이 되던 무렵 아이의 핀란드어 실력은 같은 또래의 핀란드 아이들과 별 차이가 없었다. 사람들은 이 정도로 핀란드어를 하면 원어민 수준이라고 한다. 하지만 아이에게 핀란드어는 여전히 외국어이지, 모국어는 아니었다. 이는 아이가 또래 아이들, 그리고 성인들과 핀란드어로 대화를 주고받을 때 거리낌이 없을 뿐이었다는 의미이다. 어린 아이들의 외국어 능력은 성인들과 근본적으로 다르다. 아이가 의사소통에 문제가 없었다고 해도 핀란드어로 된 신문을 읽을 수 있는 것도 아니었고, 저녁 종합 뉴스를 듣고 이해를 하는 것도 아니었다. 우리 아이의 핀란드어 말하기는 한국에서 8년 정도 학원을 다닌 아이들의 영어 구사 능력을 앞지르는 수준이었다고 판단된다.

내가 핀란드에서 귀국했을 때 우리 아이의 나이는 만으로 일곱 살이었다. 나는 학위논문을 준비하느라 집에서 아이와 대화를 나눌 시간이 많지 않았다. 그래서 나는 아이가 친구들과 잘 어울릴 수 있는 환경을 만들어주었다. 아이들은 다른 아이들과 어울리다 보면 자연스럽게 언어를 배운다. 그래서 가능하면 같이 뛰어놀 수 있는 친구들을 만들어주는 것이 최선이라고 판단했다. 한국에서 새롭게 적응하는 데 아이는 큰 어려움을 느끼지 않고 있었다. 아이가 이해하지 못하는 한국어의 어휘들을 가끔씩 설명해주는 것은 필요했다. 그렇다고 따로 한국어 공부를 시키지는 않았다. TV 보는 것을 좋아했던 아이는 TV를 보다가 잠이 들기도 했다. 한국어 어휘를 확장하는 데 큰 도움이 되었다.

귀국 이후 한 달 정도의 시간이 흘렀을 때였다. 같이 밥을 먹다가 우연히 핀란드에 대한 이야기가 나오게 되었다. 그때까지 한국에 돌아온 후 우리는 집에서 핀란드어를 쓴 적이 없었다. 나는 불쑥 아이에게 핀란드어로 간단한 질문을 했다. 그 말을 들은 아이는 '아빠가 무슨 말을 하는 거야?' 하고 놀라는 표정을 지었다. 나는 이 녀석이 장난을 친다고 생각을 했고, 다시 한 번 핀란드어로 간단한 인사말을 하면서 대화를 유도해보았다. 그런데 아이는 신기하다는 듯이 나를 쳐다보았고, 말을 하지 못했다. 나는 아이에게 핀란드어로 '하나, 둘, 셋'을 해보라고 했다. 아이는 핀란드에서 거의 매일 사용했던 'yksi, kaksi, kolme'라는 단어도 기억하고 있지 않았다. 나는 정말로 놀랐다. 핀란드어를 거의 모국어처럼 사용하던 아이가 불과 한 달 만에 '하나, 둘, 셋'마저 잊었다니! 그 단어들만 잊은 것이 아니었다. 아이의 머릿속에는 단 하나의 핀란드어 단어도 남아 있지 않았다. 말 그대로 핀란드어는 까마득하게 '잊혀진 언어'였다. 유창하지는 않지만 간단한 인사말, 자주 사용하는 단어 정도는 기억하고 있을 것이라고 생각했다. 한 달 만에 기초 어휘까지 망각했을 것이라고는 예상을 하지 못했다.

나는 그 순간 당황했다. 그리고 아이의 머리에서 지워진 핀란드어가 조금 아깝다는 생각이 들었다. 그래도 하나의 외국어를 잘하던 아이였다. '귀국해서 집에서 한 시간씩만 핀란드어를 사용했다면 지금도 핀란드어를 잘할 텐데…'라는 아쉬움이 있었다. 아직 완전히 지워진 것은 아닐 테니 회복시켜볼 생각도 잠시 했다. 그런데 곧 나는 생각을 바꾸었다. 한국에서는 사용하지도 않는 핀란드어를 기억해야 할 이유가 있을까? 필요하면 나중에 다시 배우면 된다. 아이의 인생에서 핀란드어는 평생 필요가 없을 수도 있다. 핀란드어를 지속적으로 기억하고 있을 필요가 없다. 아이에게는 그것 말고도 해야 할 일, 고민해야 할 다른 일들이 너무나 많다. 그래서 우리 아이의 핀란드어 능력을 회복시키는 일을 깨끗하게 포기했다. 그 이후로도 집에서 핀란드어를 사용하는 일은 없었다. 지금까지도 우리 가족의 대화에서 핀란드어는 사용되지 않고 있다. 가끔씩 아내와는 핀란드어로 대화를 나누기도 한다. 그저 우리가 아직 핀란드어를 잊지 않고 있다는 사실의 확인에 불과하다. 그 대화는 핀란드어를 연습하거나 유창함을 유지하기 위한 것이 아니다.

이 책을 읽고 있는 독자들은 외국어에 대한 나의 태도를 의아하게 생각할 수도 있다. 언어학을 전공한 학자이고, 마음만 먹으면 아이의 귀중한 외국어 실력을 유지시킬 수 있었는데 이것을 포기했다는 사실을. 아깝다고 생각하는 독자도 있을 것이다. 어쩌면 아버지가 아이의 교육에 관심이 없다고 비난을 할 수도 있다. 혹자는 만약 핀란드어가 아니라 영어였다면 그 능력을 유지할 수 있도록 도움을 주었을 것이라고 생각할 수 있다. 나 자신도 이에 대한 명확한 답을 내리기는 어렵다. 만약 내가 영어권에서 유학을 해서 아이가 영어를 모국어처럼 사용할 수 있는 수준에 있었다면 글자를 가르치고 책을 읽히면서 그 능력을 유지시켰을까? 아마도 아닐 것이다.

아이가 했던 외국어가 영어가 아니라 핀란드어라서 무시하고 내버려둔 것이 아니다. 영어는 언제든지 마음만 먹으면 한국에서 배울 수 있다. 그러나 핀란드어는 한국에서 쉽게 배울 수 있는 언어가 아니다. 가치로 따지자면 영어보다 핀란드어의 능력을 유지하는 것이 더 소중할 수 있다. 핀란드어를 포기한 이유는 아이에게 핀란드어가 모국어가 아니었기 때문이다. 그리고 아이가 사용할 기회도 없는 언어였다. 그래서 아이가 핀란드어를 잊어도 신경을 쓰지 않았다. 하나의 외국어를 배우기 위해 또는 유지하기 위해 아이가 받는 스트레스는 어른들이 생각하는 수준을 뛰어넘는다. 외국어에 대한 스트레스는 성인도 참아내기가 쉽지 않다. 당장 외국인들과 대화를 하는 것도 아니고, 문서를 쓰는 것도 아니다. 어느 순간에 다가올지 모르는 상황에 대비하기 위해 외국어를 계속해서 배우고 있어야 한다는 것은 참으로 고통스러운 일이다.

왜 아이가 그렇게 빨리 모든 것을 잊었을까? 따로 실험을 해볼 수는 없었지만 글자를 배우지 않았기 때문일 것이다. 만약 핀란드에서 글자를 가르치고 책 읽는 훈련을 했다면 그렇게 빨리 핀란드어를 잊지는 않았을 것이다. 하지만 어쩌겠는가? 핀란드에서는 유치원에서 글자를 가르치지 않는다. 아이들은 혼자서 책을 읽을 수 없다. 외국어 학습에서 글자의 중요성을 한번쯤 생각하게 한 사건이다. 그런데 글자를 배워서 책을 읽었다고 해도 그것이 큰 도움이 되었을까? 책을 읽을 수 있었다고 해도 결과는 다르지 않았을 것이다. 기억의 시간이 조금 연장될 수는 있었을 것이다. 그러나 생존에 전혀 도움이 되지 않는 언어를 아이가 기억할 것이라는 기대는 부모들의 생각이다. 생존의 문제가 걸리면 아이들은 기억한다. 그것이 아니라면 아이들이 외국어를 잊는 것은 당연한 일이다.

우리 아이만 한 달 만에 외국어 능력을 잃어버린 것이 아니다. 이것은 외국에서 성장한 아이들에게 나타나는 공통적인 현상이다. 거의 모국어 수준으로 영어, 일본어를 했던 아이들도 한 달이면 거의 모든 것을 잊어버린다. 그렇다면 한국의 제한된 환경에서 배운 영어는 얼마나 지속될 수 있을까? 이러한 특성을 지닌 외국어 교육, 영어 교육에 그렇게 몰두할 필요가 있을까? 영어가 아니라 좀더 근본적인 것들을 찾아보아야 한다.

내가 아이와 핀란드어를 다시 하게 된 것은 대학 강의실에서였다. 아이가 내가 맡은 핀란드어 강의를 신청했던 것이다. 나는 다른 학생들과는 아이가 다를 것이라는 기대를 했다. 어린 시절이었지만 한때 핀란드어를 잘했던 아이였다. 그런데 나의 기대는 여지없이 무너졌다. 아이는 다른 학생들과 전혀 차이가 없었다. 처음으로 핀란드어를 접하는 학생들과 비교해서 읽기, 말하기, 쓰기 그 어느 영역에서도 차이를 보이지 않았다. 어려서 외국어를 하면 성인이 되어서 다시 배울 때 커다란 도움이 될 것이라는 항간의 이야기는 사실이 아니었다. 실제로 그 이론은 전혀 근거가 없다. 어릴 적 원어민 수준! 대학생이 되어서 소용이 없었다.

# 영어 교육은 초등학교 3학년이 적기가 아닐까?

우리 아이는 초등학교 3학년부터 영어를 배웠다. 나는 아이의 영어 학습에 대해서 관심이 없었다. 아이가 영어를 배운다는 사실도 잘 몰랐다. 집에서 영어 공부를 하는 것을 본 적도 없고 영어로 말을 한 적도 없다. 아내가 초등학교에 '방과후 수업' 영어 교사로 강의를 나갈 때 학교에서 영어를 배우고 있다는 사실을 알게 되었다. 그 당시에도 많은 학부모들이 영어 공부를 시키기 위해 아이들을 학원에 보냈다. 아마도 아내는 아이에게 영어를 가르치고 싶은 욕구가 있었을 것이다. 학교에서 남의 아이들에게 영어를 가르치는데 정작 내 아이는 영어를 전혀 못 하고 있었으니까. 하지만 아이의 학습 관련 교육은 내게 맡긴다는 원칙은 그대로 지켜졌다. 나는 아이에게 영어를 가르칠 필요가 없다는 입장을 고수했다.

우리 아이는 중학교에 입학하기 직전에 영어 공부를 시작했다. 다른 아이들과의 경쟁에서 형편없이 처지는 일이 없기를 바랐기 때문이다. 또한 중학교부터는 영어를 계속해서 배워야 한다. 정규 수업 시간에도 영어의 비중이 높아진다. 아이는 중학교에 입학하기 전에 3개월간 영어 공부를 했다. 나는 아이에게 발음기호를 가르쳐주었다. 혼자서 영어 단어를 읽을 수 있는 능력을 길러주기 위해서였다. 그리고 초등학교와 중학교 1학년 교과서에 나오는 단어를 암기하라고 했다. 그 단어들은 모두 합쳐도 1,500개를 넘지 않는다. 많은 시간이 필요할 것 같지만 집중력을 가지고 공부하면 한 달이면 충분히 외워낼 수 있는 양이었다. 그리고 그 수준에 맞는 영어 책을 읽고 그 내용을 말해보라고 했다. 아이는 짧은 기간 영어를 공부했지만 중학교 1학년 때부터 다른 아이들에게 현저하게 뒤떨어지지 않았다. 아이는 특별히 영어에 흥미를 가지지는 않았지만 영어를 싫어하지도 않았다.

엄마들에게 영어 교육을 중학교 입학 전에 시키라고 권고하는 것이 아니다. 학교에서도 초등학교 3학년에 영어 교육을 시작한다. 내가 아이에게 초등학교 시절에 영어 학습을 시키지 않은 이유는 부족한 한국어 능력 때문이었다. 영어로 된 책을 읽었는데 무슨 말인지 이해를 할 수 없다면 영어 교육은 무의미하다. 우리 아이의 한국어 능력은 다른 아이에 비해서 부족했다. 핀란드에서 자란 4년의 공백을 메울 필요가 있었다. 그렇지만 한국에서 자란 아이들에게도 초등학교 3학년 이전에는 영어 교육을 권장하고 싶지 않다. 초등학교 3학년 이전의 영어 학습에 대해서는 신중하게 생각해야 한다. 아이들은 그 시기까지는 한국어에 집중할 때이다. 다시 한 번 강조하지만 영어는 외국어이다. 외국어 학습은 아이들의 창의성과는 무관한 과목이다.

핀란드 사람들은 영어를 잘한다고 알려져 있다. 모든 핀란드 사람들이 영어를 잘하는 것은 아니다. 하지만 한국에 비해서 상대적으로 영어를 잘하는 사람들이 많다. 핀란드에서 영어는 초등학교 1학년 때부터 배울 수 있다. 하지만 초등학교 1학년부터 영어를 선택하는 아이들은 거의 없다. 1-2학년 시기에는 모국어인 핀란드어 학습에 몰두한다. 유치원 시절에 배우지 못한 글자도 그때 배워야 한다. 그리고 학교에서도 그 시기에는 핀란드어 교육이 강도 높게 이루어진다. 전체 수업 시간의 절반이 핀란드어 수업으로 배정되어 있다. 외국어 학습에 왜 모국어가 중요한가는 이미 언급한 바 있다. 영어 학습의 시기를 3학년으로 권장하는 이유가 반드시 모국어 때문만은 아니다. 아이들의 영어 학습은 조금 늦어도 학습에 대한 흥미만 있다면 얼마든지 따라잡을 수 있다. 실제로 초등학교에 수학 과목의 학습 지진아는 있어도 영어 과목에는 없다는 보고가 있다. 영어 조기 학습이 아이들의 두뇌, 창의력, 사고력과 관련이 없기 때문이다. 물론 일찍 영어를 배워서 잘하는 학생들도 있다. 하지만 그것도 시간이 지나면 다른 아이들과 별 차이가 없어진다. 일찍 배웠다는 이유로 끝까지 영어를 잘한다는 보장은 없다.

유치원과 초등학교 아이를 키우고 있는 엄마에게 들려주고 싶은 일화가 있다. 영어 교육 관련 TV 프로그램에 섭외되어 녹화를 하러 갔다가 방청을 온 목동의 한 엄마로부터 질문을 받은 적이 있다.

> "아이가 초등학교 시절에는 영어 공부를 열심히 했어요. 그런데 중학교에 가자 영어가 혐오 과목이 되었답니다. 지금은 영어 공부를 하지 않으려고 해요."

질문은 두 가지였다. 하나는 왜 중학생 아이가 영어를 싫어할까? 그리고 어떻게 하면 다시 영어에 흥미를 느끼게 할 수 있을까? 그런데 옆에 앉아 있던 다른 학부모들도 똑같은 문제를 안고 있었다. 그 아이들은 초등학교 다닐 때 영어로 된 책을 많이 읽었다. 그리고 영어 학원도 6년이 넘게 다녔다. 그들은 다른 친구들에 비해서 영어에서는 뛰어난 학생들이었다. 그런데 정작 영어 공부를 본격적으로 해야 할 중학생이 되었는데 왜 영어를 혐오 과목으로 생각하게 되었을까? 아이들마다 특성이 다르다. 그래서 조기 영어 교육을 받고 영어를 좋아하게 된 학생들도 있지만 반대로 영어를 싫어하게 된 학생들도 있다. 중학생이 되어서 영어를 싫어하는 학생들은 자유의지로 학습을 하지 않았기 때문일 것이다. 그들은 관심을 가진 분야의 책이나 기사를 영어로 읽어보기 위해 학습을 하지 않았다. 그 많은 시간을 할애해서 배웠던 영어를 사용해본 기억도 없다. 오직 학원에서만 사용하는 괴물과 같은 말을 배웠을 뿐이다. 시험을 보는 요령도 배웠다. 그들은 엄마가 권하는 초등학생을 대상으로 하는 시험에도 응시했다. 하지만 그 시험을 왜 보았는지 알 수도 없다. 영어를 배우면서도 늘 자신의 실력을 측정하는 시험에 시달렸다. 학원에서는 단어, 듣기, 독해 시험에 시달리면서 공부를 했다. 하지만 중학생이 되어서 되돌아보면 남은 것이 별로 없다. 그래서 아이들은 영어 공부가 싫어진 것이다.

영어에 싫증을 낸다고 아이들을 다그칠 일이 아니다. 실제로 어른들도 영어 학습을 좋아하는 사람이 많지 않다. 가능하면 하지 않고 살 수 있기를 바란다. 성인들도 해외 파견 근무와 같은 명확한 동기가 없으면 영어 공부에 실패한다. 마음을 단단히 먹고 전화 영어도 신청해보고 회화학원에 등록도 하지만, 끝까지 마무리를 하는 사람은 많지 않다. 3개월의 코스를 끊고 초기에 1-2주, 길어도 1개월만 다니고 중단하는 사람이 태반이다. 1개월 동안 학원을 다녀도 성과가 보이지 않는다. 외국인과 매일 만나서 대화를 하지 않는 한 회화 실력은 크게 향상되지 않는다. 학원을 다니면서 영어 실력이 느는 사람은 매우 드물다. 소수의 특별한 노력을 기울인 사람만이 성공한다. 대부분의 사람들은 중간에 포기하거나, 끝까지 학원을 다녀도 나아지지 않는다. 성인들은 영어의 중요성을 아이들보다 더 잘 안다. 영어 학습의 목적이 분명하고, 다급한 현실에 직면한 사람들만이 성공한다.

우리 사회에는 아이가 영어를 배울 수 있는 기회를 제공해줄 수 있는 부모가 있다. 해외에서 근무할 수 있는 직업을 가진 경우이다. 외교관, 해외에 파견되어 근무하는 직장인, 1-2년간 연구 활동을 하는 교수들이 이에 해당한다. 이들은 강요하지 않고도 아이들에게 자연스럽게 영어를 배울 수 있는 기회를 제공할 수 있다. 언뜻 선택받은 부모들이고 축복받은 아이들처럼 보일 수 있다. 그러나 그것이 아이들에게 축복만은 아니다. 그 아이들이 영어를 잘할 수는 있다. 그러나 그 아이들은 그 시기에 한국에서의 교육을 받을 수 없다. 얻는 것이 있지만 잃는 것도 있다. 부모들은 그러한 기회를 제공하기 위해 조기유학, 어학연수를 보내기도 한다. 그렇지만 조기유학과 어학연수를 보내서 성공한 사례는 많지 않다. 교육의 차원을 떠나서 아이를 한국의 명문 대학에 보내는 것이 목적이라면 그렇게 무리한 방법을 쓸 필요가 없다. 한국에서 교육을 해도 수능 시험 1등급은 얼마든지 받을 수 있다. 그리고 수능 시험 1등급을 받기 위해서 유치원부터 영어를 가르칠 필요도 없다. 적절한 시기에 효율적인 영어 공부를 시키면 된다.

영어는 유치원 시절부터 단어 10개씩 외운다고 잘할 수 있는 과목이 아니다. 차리리 중학생이 되어서 정신적, 육체적인 준비가 되었을 때 3개월 정도의 집중적인 훈련을 하는 것이 효과적이다. 그 기간에는 다른 과목의 공부의 비중을 줄이고 영어에 몰두하도록 배려를 해야 한다. 아이들에게 시간은 많다. 거의 매 학기 치르는 중간, 기말고사에 매달릴 필요가 없다. 중학교 시절 한 학기라도 영어 학습에 몰두하면 10년간 학원에 다니면서 배운 것보다 잘 할 수 있다. 짧은 기간 동안 학원의 도움을 받는 것도 좋은 방법이다. 그리고 고등학교에 입학하기 전에 문장 분석을 할 수 있는 영문법 교육은 필요하다. 아이들 스스로 영어 학습을 하기 위한 필수적인 요소이다. 고등학교 시절에도 1-2학년을 거치면서 한 번 정도의 방학 기간은 영어 학습에 집중하는 것이 도움이 된다. 외국어는 한 번 학습했다고 마무리가 되는 분야가 아니다. 지속적으로 듣고, 읽고, 말하고 쓰는 훈련을 해야 한다. 외국어 학습의 일반적인 특성이다. 조기 영어 교육을 반대하는 이유도 이러한 외국어 학습의 특성 때문이기도 하다. 영어 실력을 유지하기 위해서는 지속적으로 시간과 노력을 투자해야 한다. 그래서 영어 학습이 절실하게 필요하지 않다면 시작 시점을 가능하면 늦추자. 아이들의 불필요한 노력과 시간 허비를 막을 수 있는 방법이다.

# 모국어는 생명이다 한국어를 지켜라

우리 아이는 30개월이 될 때까지 한국에서 자랐다. 아이는 정상적으로 걷고 뛰기 시작했다. 그 시기에 가장 중요했던 한국어 습득도 순조롭게 진행되었다. 그런데 아이에게 핀란드에서 살아야 한다는 특별한 변수가 생겼다. 아이는 새로운 환경에 적응을 해야 했다. 문화적 충격을 받을 수도 있었다. 한 가지를 제외하고는 아이가 적응할 수 있을 것이라고 믿었다. 아이가 모든 것을 이겨낼 수 있다고 믿었다. 그런데 모국어가 문제가 될 수 있었다. 아이는 이제 막 한국어를 습득했다. 외국에서 아이를 키우면서 한국어를 지켜주는 일은 쉽지 않다. 모국어는 아이에게 생명이다. 모국어를 잃으면 정신적인 생명을 잃는다. 외국어는 필요하면 배우면 된다. 그러나 모국어는 제때에 습득하고 유지하지 못하면 언어의 미아가

된다. 모국어가 없으면 사고를 할 수 없다. 아이의 모국어는 한국어다. 한국어를 잃으면 아이는 정체성이 없어진다. 아이는 한국어를 통해서 자기의 뿌리가 한국에 있음을 인식해야 한다.

나는 유학 첫날부터 집에서는 한국어만 사용한다는 원칙을 세웠다. 집에서 아이는 어떠한 경우에도 핀란드어를 사용할 수 없었다. 유학 초기에 유치원 교사가 언어 문제로 아이가 유치원에서 많은 어려움을 겪고 있다고 했다. 교사는 본인이 나에게 한국어를 배우겠다는 제안을 했지만 나는 고민 끝에 그 제안을 거부했다. 대신 내가 직접 유치원에서 반드시 필요한 핀란드어 문장 20여 개를 아이에게 가르쳤다. 그 이후로 아이는 유치원에서 핀란드 아이들과 잘 어울렸다. 어떤 방법으로든 핀란드 친구들과 의사소통을 하기 시작했다. 부족한 핀란드어 능력이 아이에게 더 이상 문제가 되지 않았다. 그것이 아이가 집에서 핀란드어를 배운 처음이자 마지막 시간이었다.

아내는 아이에게 한국에서 가지고 온 책을 매일 읽어주면서 한글을 교육해보려는 시도를 한 적도 있다. 하지만 아이는 엄마가 가르쳐준 한글을 익히지 못했다. 아이가 책장을 넘기면서 '거북이, 토끼, 사자'라고 말을 했다. 그러나 아이는 글자를 보고 말을 하지 않았다. 그림을 보고 귀로 들었던 소리를 내고 있을 뿐이었다. 핀란드 유치원에서는 글자를 가르치지 않는다. 뒤에서 다시 언급하겠지만 나도 초등학교 입학 이전의 글자 교육에 반대한다. 결국 아이는 한글을 깨치지 못했다. 아내와 나는 끊임없이 아이와 대화를 나누었다. 엄마가 읽어준 책 내용을 아이에게 설명해보라고 했다. 아이는 신이 나서 그 이야기를 나에게 들려주었다.

많은 노력을 했지만 아이의 한국어 지키기는 3년이 지나면서 위기를 맞기 시작했다. 아이는 집에서 핀란드어 단어를 사용하기 시작했다. 문장까지 확대되지는 않았지만 한국어의 문장 구조에 핀란드어 단어를 채워넣기 시작했다. 아이들이 6세가 되면 친구들도 중요한 위치를 차지한다. 아이는 유치원이 끝나면 이웃집의 친구들과 어울리기 시작했다. 친구들과의 대화는 당연히 핀란드어로 이루어졌다. 아이에게 핀란드어가 한국어보다 더 편안한 언어가 되기 시작했다. 금지한다고 해결될 수 있는 단계가 아니었다. 그러던 중 아이의 모국어 지키기에 결정적인 도움을 받을 수 있는 환경이 마련되었다. 대사관과 KOTRA에 근무하는 직원 가족들과 만날 기회가 있었던 것이다. 그 집에는 우리 아이보다 한두 살 많은 아이들이 있었다. 그 아이들은 국제학교에 다니면서 영어를 배웠다. 우리 아이는 핀란드 유치원을 다녔다. 아이들이 만나서 의사소통을 할 수 있는 언어는 한국어가 될 수밖에 없었다. 그 아이들은 이제 막 핀란드로 이사를 왔다. 한국어로 의사소통을 하는 데 문제가 없었다. 아이는 자연스럽게 그들과 어울리면서 또래 아이들의 한국어를 말하고 들을 수 있는 기회를 갖게 되었다.

유학 4년째가 되었을 때 아이의 한국어 지키기가 한계에 도달했다. 이제 아이는 핀란드어를 거의 모국어처럼 사용할 수 있었다. 물론 7살 아이들이 구사하는 수준의 핀란드어였다. 7세의 아이는 성인이 사용하는 어휘와 문장을 자유자재로 구사할 수 없다. 그럼에도 불구하고 아이는 자기의 생각을 핀란드어로 표현하는 데 불편이 없었다. 핀란드어의 복잡한 문장을 서슴없이 구사했다. 핀란드어의 관계대명사와 분사를 자유자재로 사용했다. 아이는 집에서 핀란드어를 사용하기 시작했다. 집에서 핀란드어 사용 금지 원칙이 무너지기 시작했다. 아이는 의사 표현을 한국어보다 핀란드어로 더 쉽게 했다. 단순히 집에서 핀란드어 사용을 금지해서 해결될 수 있는 시기를 넘어섰다. 아이는 핀란드어로 하는 질문에 응답을 하지 않는 나에게 핀잔을 주기도 했다. "아빠는 내 말을 이해 못 해? 아빠는 이 단어가 무슨 뜻인지 몰라? 모르니까 말을 안 하는 거지?" 나도 어쩔 수 없는 상황이 도래한 것이었다. 실제로 아이의 말을 이해하지 못한 일도 여러 번 있었다. 아이들 세계에서 사용하는 독특한 어휘들이 있었다. 아이들만 사용하는 은어였다. 내가 할 수 있는 일은 아이의 말을 한국어로 다시 표현해주는 일이었다. 그리고 반복시켰다. 그렇게 해서라도 모국어를 지켜주어야 했다.

만약 핀란드에서 1년을 더 머물렀다면 아이는 핀란드의 초등학교에 입학을 해야 했을 것이다. 핀란드 학교에서 교육을 받았다면 아이의 한국어 지키기는 실패했을 것이다. 핀란드에서는 아이가 6세가 되면 에시꼬울루(esikoulu, 취학 전 1년 교육 프로그램)에서 교육을 받을 수 있다. 학교 교육에 적응시키기 위해서 마련된 제도이다. 우리 아이도 대상자였다. 하지만 아이는 그 교육을 받지 않았다. 8개월 후에 아이는 귀국을 할 예정이었다. 교육이 문제가 아니었다. 아이는 한국어를 잃어가고 있었다. 입학 전 학교에서 아무리 좋은 것을 배워도 모국어를 잃으면 무의미하다. 유치원에서 뛰어노는 것과 에시꼬울루에서 받는 정규 교육은 다르다. 아이는 더 많은 핀란드어를 접할 것이고 다른 아이들 앞에서 발표도 해야 한다. 아이는 잘하고 싶어서 적절한 핀란드어 표현을 찾아낼 것이다. 아이의 핀란드어 능력의 향상은 한국어 능력의 저하를 의미했다.

귀국을 했을 때 아이의 한국어 구사 능력에는 심각한 문제가 있었다. 그렇게 자신감을 가졌던 핀란드어는 귀국 후 1개월이 지나서 완전히 아이의 기억에서 사라졌다. 하지만 나는 아이에게 따로 한국어를 교육하는 방법을 택하지 않았다. 아이가 아침부터 놀이터에 나가서 친구들과 어울리면서 한국어 능력을 향상할 수 있는 방법을 택했다. 집에서 아이는 좋아하는 만화영화를 계속해서 보았다. 글자를 깨치지 못해서 귀국했던 해에 학교에 입학을 하지는 못했다. 그렇지만 아이의 모국어는 지켜졌다. 그렇게 한국어는 아이의 모국어가 되었다.

중학생이 되었을 때도 아이는 '내가 갈게'라는 표현을 '내가 올게'라고 했다. 언어학적으로 보면 대화 원칙의 차이에서 나타나는 현상이다. 영어처럼 핀란드어에서도 상대방의 입장에서 보면 그쪽으로 오는 것이라서 '가다' 대신 '오다'라는 동사를 사용한다. 미국에 전화를 하면서 한국은 저녁이지만 "Good Morning"이라는 인사를 한다. 대화의 원칙을 적용하는 현상이다. 아이가 초등학교 시절에 쓴 일기는 항상 두 문장이었다.

> "오늘 친구랑 농구를 했다. 참 기분이 좋았다."
> "오늘은 친구와 달리기를 했다. 참 즐거웠다."
> "오늘 문구점에서 과자를 사 먹었다. 정말 맛있었다."

아이가 한국어 어휘를 많이 알지 못해서 생긴 일이었다. 당시에는 아이가 기분이 좋고, 기쁘고, 즐거우면 된다고 생각했다.

우리는 아이의 모국어를 지키기 위해서 처절한 투쟁을 했다. 그럼에도 불구하고 아이는 고등학생이 되어서야 4년간의 모국어 공백 기간을 메울 수 있었다. 한국어를 제대로 할 수 있도록 아이에게 초등학교 시절에 영어 학습도 시키지 않았다. 모국어의 완벽한 습득은 쉬운 일이 아니다. 나는 《북유럽의 외로운 늑대! 핀란드》에서도 모국어의 중요성을 강조한 바 있다. 조기유학을 보내는 엄마들이 한번쯤 고민해볼 문제이다. 불완전한 한국어 능력은 평생 극복하기 어렵다. 모국어는 아이들의 생명과 같다.

| 추천의 글 |

대한민국을 위해서, 대한민국에서 살아갈 아이들을 위해서 저자는 그 아이들의 엄마들에게 본인의 경험과 교육 철학을 전해주고 있다. 저자의 아들 교육에 대한 실화는 그동안 우리가 자식 교육을 고민하면서 서로 나누었던 이야기들의 일부이다. 저자의 이 전언이 우리 후손들이 살아갈 건전한 대한민국 사회의 밑알이 되기를 기대한다. 저자는 35년 전에 가진 열정을 아직도 간직하고 있고 그 열정이 이 책에 고스란히 배어 있다.

—고동호(전북대 교수)

이 책이 조금 더 일찍 세상에 나왔더라면 두 아이를 교육하면서 우리 부부가 그렇게 심하게 싸우지는 않았을 것 같다. 엄마가 사라지고, 아버지의 존재감이 약해지고, 선생님의 권위가 추락하는 지금의 교육 현상이 우리 아이들이 사회의 중추적 역할을 할 20~30년 후에 어떻게 반영되어 나타날까 생각하면 불안하기 짝이 없다. 이 책은 엄마가 제자리로 돌아갈 것을 권하고 있고 나는 전적으로 이에 동의한다. 우리나라의 교육과 미래를 고민하는 사람들에게, 아이들을 가르치는 선생님들에게 일독을 권하고 싶다. 특히 아이 교육 문제로 다투고 있는 부부에게 이 책을 강추한다.

—김달수(티엘아이 대표이사)

서울대학교는 삶의 방향을 못 찾고 방황하는 "모범생"들로 가득하다. 이 책은 그 원인을 진단하고 해결책을 제시한다.

—남승호(서울대 교수)

05

# 조기에 해야 할 교육은?

# 7세 이전의 학습이 의미가 있을까

인간은 언어를 사용한다는 점에서 동물과 분명하게 구별된다. 꿀벌, 침팬지와 같은 동물이 언어를 사용한다는 연구가 있다. 하지만 동물은 인간처럼 언어로 감정을 표현할 수 없고, 추상적인 어휘를 사용하지 않는다. 인간의 의사소통 체계는 동물의 그것과 근본적으로 다르다. 언어 외에도 인간에게는 동물과 구별되는 육체적, 물리적 특성이 있다. 인간은 손을 사용하는 유일한 동물이다. 원숭이, 침팬지도 인간과 유사하게 두 발로 걸을 수 있다. 이들은 다른 동물과 달리 앞발을 인간의 손과 같이 사용한다. 그렇지만 원숭이와 침팬지는 인간과 같은 방식으로 손을 사용할 수 없다. 인간은 손으로 글씨를 쓰고, 도구를 사용하고, 바느질을 한다. 인간이 언어와 손을 사용한다는 것은 인간이 동물과 구별되는 가장 큰 특징이다.

인간은 이 두 가지 특징을 유아기부터 발달시킨다. 인간은 태어나서 3세 정도가 되면 누구나 모국어를 습득한다. 인간이 선천적으로 타고난 재능이다. 마찬가지로 인간은 7세까지는 손을 사용하는 기술을 터득하면서 성장한다. 7세 이전의 유아들이 손을 사용하는 활동이나 놀이를 하며 재능을 키워야 하는 이유이다. 교육적 측면에서도 모래를 가지고 놀고, 레고 놀이를 하는 것은 그 의미가 크다. 아이들은 그러한 것들을 하면서 손을 사용한다. 아이들의 그림 그리기가 중요한 이유도 같은 맥락이다. 최대한 손을 많이 사용할 수 있는 환경을 조성하는 것이 아이들의 성장에 도움이 된다.

루돌프 슈타이너(Rudolf Schteiner)는 손을 사용하는 교육의 중요성을 강조한 교육학자이다. 그의 뜻에 따라 세워진 발도르프 학교에서의 교육에는 그의 철학이 철저하게 반영되어 있다. 슈타이너의 주장에 따르면 7세 이전의 유아는 그 자체가 감각기관이다. 슈타이너는 유아들을 감각기관으로 간주하는 교육을 제외하고는 의미가 없다고 주장하고 있다(곽노의, 1999). 실제로 우리는 7세 이전에 지적인 활동을 통해서 학습한 내용을 기억하지 못한다. 인간은 7세 이전에 배우는 수학의 사칙연산, 영어 단어를 기억할 수 없다. 유아는 몸으로 배운 것을 기억한다. 유아들은 어른들의 행동을 보고 감각으로 배운다. 유아들은 어른의 행동을 모방한다. 유아는 지적인 활동을 통해서 배우지 않는다. 4살짜리 아이가 특별한 기억력을 보여줄 수 있다. 그렇다고 해서 그 아이에게 지적인 교육을 시작한다면 그것은 매우 위험한 일이다. 아이의 기억력은 일시적이거나 단편적인 현상일 수 있다. 이것은 엄마들이 경험하는 아이의 천재성과 유사하다. 아이가 순간적으로 마치 천재처럼 말을 하거나, 놀라운 재치를 보일 때가 있다. 그러나 그것은 일회적인 현상이다. 유아는 자기중심적이다. 그래서 세상의 관념과 이치에서 벗어나는 행동과 말을 할 때가 있다. 대부분의 엄마가 한 번쯤 경험하는 내 아이가 천재가 아닐까 하는 생각은 다름 아닌 아이의 자기중심적 행동에서 나오는 일회적인 현상일 뿐이다.

아이 교육에서 학문적으로 검증된 내용을 반영하는 것도 의미가 있지만, 더 중요한 것은 우리의 경험과 상식이다. 어느 누구도 7세 이전에 지적 활동을 통해서 학습한 내용을 기억하지 못한다면 아이에게 지적인 교육을 할 필요가 있을까? 7세 이전의 아이들은 외국 여행을 해도 그것을 기억하지 못한다. 한국에서는 이르면 3세, 늦어도 5, 6세가 되면 아이들에게 한글을 가르친다. 아이들은 초등학교에 들어가기도 전에 책을 읽을 수 있다. 그런데 아이가 일찍 한글을 배웠다고 부모가 자랑할 일은 아니다. 그 시기의 아이들에게는 글자를 보고 책을 읽는 것이 중요하지 않다. 오히려 유아는 가능하면 상상의 세계를 떠돌고 있어야 한다. 대한민국이 가장 이른 시기에 아이들에게 글자를 가르치는 나라일 것이다. 이른 시기의 글자 교육이 아이들의 정신세계에 어떠한 영향을 미치는가에 대한 본격적인 연구는 아직 이루어지지 않았다. 하지만 대부분의 선진국에서는 아이들에게 조기에 글자를 가르치지 않는다.

감각기관에 불과한 유치원생들에게 대한민국에서는 과도한 지적 교육을 하고 있다. 아이들은 너무 많이 배워서 숨이 막힌다. 그들은 생존하기 위해서 한국어를 배워야 한다. 아이들에게는 한국어를 완벽하게 습득하는 것도 벅찬 일이다. 그런데 아이들은 말만 배우는 것이 아니라, 글자도 배워야 한다. 조기 한글 교육은 그 유용성과 유해성을 떠나서 한국에서는 이미 일반화되어 있다. 어려서부터 책을 읽을 수 있도록 글자를 가르치는 우리의 교육 방식이 더 훌륭할 수도 있다. 그래서 유치원생에게 한글을 가르치지 말자고 주장하지 않는다. 다만 대부분의 선진국에서 왜 유치원생에게 글자를 가르치지 않는지 생각해볼 여지는 있다. 언어학적으로 언어의 소리가 1차적이고, 문자는 2차적인 요소이다. 언어는 소리로 의사소통을 하는 체계이다. 그래서 세계에는 문자가 없는 언어들이 존재한다.

어른들도 한글맞춤법을 잘 모른다. 한글맞춤법은 원형을 보존하지만 소리대로 적기를 병행하는 원칙을 준수하고 있다. 간단해 보이지만 매우 복잡한 원리가 적용된 철자법이다. 거기에 한글에는 띄어쓰기가 있다. 언어학자인 필자도 띄어쓰기를 틀릴 때가 종종 있다. 그런데 유치원생, 초등학교 1학년생이 받아쓰기에서 100점을 받아야 한다. 엄마는 한 문제만 실수를 해도 집에서 훈련을 시킨다. 한글맞춤법은 대학수학능력시험에도 출제되는 문제이다. 초등학생에게 받아쓰기 만점을 받으라는 요구는 가혹하다. 그들은 겨우 여덟 살밖에 되지 않았다.

# 교육에도 시기가 중요하다

아이들은 유치원, 초등학교 시절에 평생 살아가는 데 필요한 것을 배운다. 이를테면 운동 능력이 그중의 하나이다. 일반적으로 사람은 어린 시절에 수영을 배우지 못하면 어른이 되어도 수영을 하지 못한다. 아이들은 수영을 하지 못하는 성인들을 무척 의아하게 바라본다. 왜 어른이 수영과 같은 간단한 운동을 하지 못할까? 어른이 수영장에 가서 며칠 물장구를 치면 수영을 할 수 있을까? 그렇지 않다. 어려서 물에서 놀면서 물 위에 떠 있는 요령을 배우지 못하면 성인이 되어서 수영을 배우기가 쉽지 않다. 수영을 하지 못하는 어른들은 물가에 가는 것을 두려워한다. 바닷가로 피서를 가지 않는 부모의 마음을 아이들은 알지 못한다. 아빠들은 그 심정을 드러내놓고 누구에게 말하지 않는다. 어려서 수영을 배우지 못한 사람들이 남몰래 가지고 있는 커다란 고통이다. 자전거 타기도 수영과 비슷하다. 자전거를 타지 못하는 어른들도 많다. 그들은 자녀들과 함께 자전거를 탈 수가 없다. 자전거 타기의 핵심은 몸의 균형을 유지하는 감각이기 때문에 마음만 먹으면 운동장을 몇 바퀴 돌면서 비교적 쉽게 배울 수 있다. 그래도 성인이 되어서 자전거를 배우는 일은 그리 쉽지 않다.

달리기는 모든 운동의 기본이다. 아이가 성장해서 농구 선수, 축구 선수, 하키 선수가 될는지 알 수 없다. 어린 시절에 달리기의 기본자세를 배우지 못하면 성인이 되어서 그 어느 운동도 잘할 수 없다. 아이가 7-8세가 되면 공을 주고받는 훈련이 필요하다. 아이는 체계적인 또는 반복적인 훈련을 통해 날아오는 공을 받을 수 있는 감각을 길러야 한다. 그렇지 않으면 공이 다가올 때의 공포로 인해 제대로 공을 잡을 수가 없다. 정확한 시점에 손으로 공을 받는 감각은 어린 시절에 길러진다. 그리고 상대방에게 정확하게 공을 던지는 훈련도 필요하다. 공을 상대에게 던질 때 우리는 거리를 계산해서 공을 던지지 않는다. 상대의 위치만 보고 운동감각이 작동해서 목표를 향해 정확하게 공을 던진다. 이러한 운동감각은 시기를 놓치면 길러질 수 없다. 운동감각은 프로야구, 프로농구 선수를 목표로 하는 아이에게만 필요한 것이 아니다. 아이들은 초등학교부터 시작하여 중학생, 고등학생이 될 때까지 친구들과 야구, 농구를 한다. 아이들은 친구들과 운동을 하면서 함께 살아가는 방법을 깨친다. 같은 팀의 동료들과 서로 협력하지 않고 상대를 이길 수 없다는 것을 아이들은 운동을 통해 배운다. 운동은 친구들과 어울릴 수 있는 좋은 기회를 제공한다. 그렇기 때문에 운동은 아이의 집단 따돌림을 방지하는 수단이 되기도 한다. 어린 시절에 지적인 학습보다 운동과 놀이가 더 중요한 이유 중의 하나이다.

우리는 어린 시절에 익힌 운동 능력을 잃어버리지 않는다. 성인이 되면 야구, 농구, 축구와 같은 운동의 기회는 많지 않다. 그렇지만 기회가 와서 10분만 연습을 하면 어린 시절에 몸에 배어 있던 운동감각이 살아난다. 옛날에는 축구도 잘했고, 농구도 잘했는데 지금은 나이가 들어서 못한다는 성인들의 말은 대부분 거짓말이다. 운동의 기본적인 감각은 사라지지 않고 몸에 배어 있다. 젊은 시절에 비해서 체력이 부족하고 뛰는 속도는 느려질 수 있다. 그러나 공을 차고 던지는 기본적인 자세와 감각은 쉽게 사라지지 않는다. 운동의 기본 동작은 의지에서 나오는 것이 아니라 몸의 자동적인 반응이다. 운동을 잘 못하는 성인들은 어려서 그 운동을 배우지 않은 것이다. 운동감각을 키우는 데는 시기가 중요하다. 어린 시절에 배울 수 있는 적절한 시기를 놓치면 사람은 그 감각을 키울 수 없다.

예전에 우리가 자랄 때에는 집에 형, 누나, 동생들이 함께 살았다. 그래서 우리는 많은 것을 그들로부터 어깨너머로 배웠다. 우리는 따로 교육을 받지 않아도 함께 일을 하면서 망치질과 톱질 하는 법을 배웠다. 우리는 연필을 깎고 칼질하는 법도 집 안에서 배울 수 있었다. 그런데 요즘의 아이들은 다른 환경에서 성장하고 있다. 아이들은 가족들과의 일상생활에서 무엇을 배울 수 있는 기회를 잡지 못한다. 가족의 단위가 작아졌기 때문이다. 엄마, 아빠 그리고 자녀 2명이 가족을 구성한다. 대가족이 함께 살 때에는 젓가락질을 못하는 사람은 다른 식구들이 먼저 다 먹어버려서 먹고 싶은 음식을 먹지 못했다. 젓가락질을 잘해야 살아남을 수 있는 환경에서 우리는 자랐다. 요즘에는 가정에서 그러한 일이 벌어지지 않는다. 그래서 젓가락질을 제대로 못 하는 성인들이 많아지고 있다. 핵가족 시대에는 부모가 젓가락질 하는 방법도 교육을 해야 한다. 부모가 어느 손가락을 젓가락질에서 사용하는지를 아이에게 알려주어야 한다. 아이들에게는 작은 콩을 집어서 이리저리로 옮겨보는 훈련이 필요하다. 그래야 그들이 성인이 되었을 때 젓가락질을 잘할 수 있다. 우리 어른들은 이러한 교육 환경의 변화를 깨닫지 못하고 있다. 부모들은 자녀들이 자기와 같은 교육 환경에서 성장하고 있다고 생각하고 있다. 우리가 따로 배우지 않고도 잘한 것을 우리의 아이들도 당연히 잘할 수 있다고 판단하지 않아야 한다. 부모들이 아이들을 위해 세심한 배려를 해야 한다.

# 핀란드에서 보낸
# 유치원 시절

우리 아이의 운동신경은 무딘 편이었다. 태어날 때 한쪽 발이 뒤틀려 있었고, 평발이었다. 아이는 어린 시절에 걷고 뛰는 것에 부담을 지니고 있었다. 그리고 세 살이 될 때까지 칼과 장난감 놀이를 많이 했지만, 아이는 공을 다루는 데는 서툴렀다. 작은 도구를 다루는 손놀림도 매끄럽지 못했다. 지금도 아이는 젓가락을 자유자재로 다루지 못한다. 어린 시절에 손을 사용하는 놀이를 하는 것은 중요하다. 우리 아이는 어려서부터 레고를 가지고 놀았고 미니카에도 흥미를 가졌다.  아이는 4학년이 되어서도 미니카를 조립해서 다른 아이들과 경주 게임을 즐겼다. 미니카를 조립할 때 아이는 대단히 집중했다. 그 시간에는 좋아하는 TV 프로그램에도 관심을 보이지 않았다. 아이는 미니카를 조립하면서 그림을 보고 물건을 만드는 능력을 키웠다. 그렇게 차를 조립하면서 아이는 작은 도구를 사용하는 능력도 키웠다.

핀란드에서 아이가 처음 시작한 야외 운동은 축구와 야구였다. 아이는 테니스 공을 치고 던지면서 공에 대한 감각을 키웠다. 나는 아주 즐겁게 아이가 친 공을 뛰어다니면서 주워서 다시 던져주었다. 아이는 공을 쳐내는 재미에 시간가는 줄 모르고 즐거워했다. 집에서도 테니스 공을 던지고 받는 운동은 계속되었다. 겨울에는 추운 날씨 때문에 야외에서 운동을 할 수 없었다. 나는 아이와 겨울에 할 수 있는 운동을 고안해냈다. 집에서 벽에 번갈아 풍선을 치는 놀이를 했다. 아이는 유치원에서 놀이와 야외 활동을 통해서 다른 아이들과 어울리는 방법을 터득했다. 여름에는 자전거 타기, 달리기, 축구, 야구, 필드하키 등의 운동을 했다. 겨울에는 눈썰매장, 스키장, 스케이트장을 다니면서 몸의 균형을 잡는 운동을 했다. 핀란드에서는 이러한 운동에 큰 비용이 들지 않는다. 차가 없어서 조금 불편했을 뿐이다. 나는 아이와 버스를 타고 스키장을 다녔다.

우리 아이는 재미가 없어 보이는 컴퓨터 게임을 좋아했다. 그리고 아이는 〈공룡시대〉, 〈도날드 덕〉, 〈톰과 제리〉 같은 만화영화를 100번 이상 보았다. 아이들이 동일한 만화영화를 반복해서 보는 이유는 무엇일까? 아이들은 볼 때마다 새로운 것을 발견하는 것일까? 하루 전에 본 것이 기억이 나지 않아서 일까? 지금도 아이에게는 같은 영화를 4-5번씩 반복해서 보는 습관이 있다. 나는 이해할 수 없지만 아이는 볼 때마다 처음 보는 듯이 즐거워한다. 신기하다. 소파에 앉아서 전날 보았던 만화영화를 다시 보면서 깔깔거리고 웃던 아이의 모습이 아직도 눈에 선하다

우리 아이는 따로 바느질, 톱질, 망치질을 배우지 않았기 때문에 중학교 2학년 때 아이가 의자에 필요한 다리 한 조각을 톱으로 잘라내는 데 1시간이 걸렸다. 나는 5분이면 그 나무를 잘라낼 수 있었다. 하지만 아이가 작업을 끝낼 때까지 기다렸다. 아이가 일을 끝냈지만 면이 일정하지 않아서 반듯한 의자가 만들어지지 않았다. 톱을 빼앗아서 내가 잘랐다면 의자 만드는 일이 더 빨리 끝났을 것이다. 만약 그렇게 했다면 아이는 어떤 상처를 입었을까? 나중에 다른 일을 같이 하자고 했을 때 아이가 동참하고 싶었을까? 아마도 아이는 더 이상 아빠와 함께 일을 하지 않았을 것이다. 의자는 못 쓰면 버리면 그만이다. 그러나 아이는 버릴 수 있는 존재가 아니다. 의자 때문에 아이에게 좌절감을 줄 수는 없었다.

# 무엇을 조기에 교육해야 할까?

4개 국어를 유창하게 할 수 있게 아이를 교육한 중학생 엄마의 이야기가 장안의 화제이다. 어떻게 교육을 하면 아이를 그렇게 키울 수 있는지에 대해서 종종 질문을 받을 때도 있다. 그러한 외국어 교육이 아이에게 필요할까? 하나의 외국어를 학습하는 일도 쉬운 일이 아니다. 필자도 핀란드어를 학습하기 위해서 1년이 넘는 시간을 투자했다. 나는 핀란드어를 재미로 학습하지 않았다. 내가 핀란드어 학습에 몰두한 것은 그 사회에서 생존하기 위한 몸부림이었다. 그리고 나에게는 4년 내에 학위를 끝내야 한다는 분명한 목표가 있었다. 그렇지만 쉽지 않았다. 초기에 핀란드어를 배울 때 나는 하루에 300개가 넘는 단어를 암기해야 했다. 하루가 지나면 그중의 절반을 기억하지 못했다. 일주일 내내 반복해서 암기를 해도 외워지지 않은 단어들이 수북하게 쌓였다. 나는 거의 6개월 동안 하루도 쉬지 않고 학교에서 핀란드어를 배우고, 글을 쓰고, 말을 하고, 책을 읽고, 단어를 외웠다. 그렇게 집중을 해서 학습을 해도 내가 구사하는 핀란드어는 완벽하지 않았다. 3년이 지나고 나서야 핀란드어로 쓰고, 말하는 것이 편해졌다. 현지에서 살면서 학습한 언어였지만 핀란드 사람들과 편하게 대화를 하기까지 3년이 걸렸다. 대학 시절에 논문까지 썼던 독일어는 지금 거의 잊혀졌다. 2년 이상 공부했던 러시아어도 기억에서 사라졌다. 그 중학생은 4개 국어를 습득하기 위해서 얼마나 많은 시간을 보내고 노력을 기울였을까? 그리고 원어민 수준의 4개 국어 능력을 유지하려면 앞으로 얼마나 많은 노력이 필요할까? 외국어 학습에는 끝이 없다. 그리고 외국어 학습의 길은 영원한 패배의 길이다. 아무리 잘해도 원어민이 될 수 없다.

어린 시절에는 아이에게 맞는 교육이 필요하다. 시기를 놓치면 아이에게 그 교육은 불가능하다. 운동 능력이 그 대표적인 예이다. 유치원 시절에는 지적인 교육이 필요하지 않다. 많이 가르쳐도 아이들은 기억하지 못한다. 오히려 배운 것을 기억하려는 스트레스로 뇌의 성장이 멈출 수 있다. 유아기에는 아이의 손과 몸이 배운 것을 기억한다. 아이의 감각에 배운 것이 남아 있다. 유아기에는 아이가 감각으로 배울 수 있는 것만 교육하자. 아이들의 모국어 학습은 지적인 활동이 아니다. 인간이 본능적으로 타고난 능력이다. 아이들이 배우는 모국어는 지식이 아니라 감각을 요구한다. 한국의 아이들은 한국어의 문법을 배우지 않는다. 그렇지만 누구도 설명할 수 없는 복잡한 문법을 습득한다. '철수는 학교에 갔다'와 '철수가 학교에 갔다'에는 '-는'과 '-가'라는 조사가 쓰였다. 언어학자들도 한국어의 '철수가'와 '철수는'의 차이를 설명하지 못한다. 아이들에게 두 조사의 차이를 설명할 수 있는 사람이 없다. 그런데 아이들은 두 조사를 정확하게 구별해서 사용한다. 신기한 일이다. 이것이 모국어의 특성이다. 모국어는 시기를 놓치면 배울 수 없다. 초등학교 2학년 시기까지는 모국어를 습득하고 확장해나가는 일이 중요하다. 모국어는 인간의 삶의 원천이고 사고의 근원이다. 창의력의 출발점이 바로 모국어이다.

아이들이 배우는 글자는 중요하지 않다. 글자는 2차적 의사소통의 수단이다. 한글을 몰라도 한국말로 의사소통을 할 수 있다면 아이가 모국어를 습득한 것이다. 초등학교에 들어가면 아이가 글쓰기를 시작해도 된다. 가능하면 3학년 이후가 좋다. 글은 사고력에 기반한 2차적인 산물이다. 글은 사고의 명확한 표현이다. 그런데 명확한 표현을 하다 보면 아이들의 상상력이 제한될 수 있다. 아이들에게는 무한한 상상의 세계가 필요하다. 2학년 이전의 아이들이 비판적, 추상적 사고를 하기는 쉽지 않다. 아이들은 초등학교에서 덧셈과 뺄셈을 배우면서 논리적인 사고를 시작한다. 10세 이전의 아이들은 '좋다, 나쁘다, 옳다, 그르다, 예쁘다, 밉다, 싫다, 맛 있다'와 같은 표현을 사용한다. 그 아이들은 흑백의 중간에 회색이 있음을 알지 못한다. 초등학교 시절에는 아이들은 논리적인 배움을 통해서 비판적인 사고를 할 수 있을 뿐이다. 일반적으로 아이들은 청소년기가 되었을 때 추상적인 사고를 한다. 비판적 사고가 시작되기 전에 아이들이 쓰는 글은 큰 의미가 없다. 10세 이전에는 대화를 하면서 상상력을 키우는 것이 더 중요하다. 초등학생에게는 사실을 기록하고 상황을 묘사하는 글쓰기가 어울린다. 아이들이 상상하는 것은 글로 표현되지 않고 머릿속에서 확장되어야 한다.

많은 책에서 언급하는 바와 같이 초등학교 3학년 때 배우는 분수 단원은 아이들이 미래에 수학에 흥미를 가지느냐 마느냐의 갈림길이다. 분수의 덧셈 1/3 +1/4을 해결하기 위해서는 분모의 최소공배수를 알아야 한다. 3학년 이전에 배운 내용으로 최소공배수 12를 구해내는 일은 쉽지 않다. 분수의 개념을 가르치기 위해서 바둑알을 이용하는 방법이 있다. 1/3의 개념을 파악하기 위해서는 바둑알 3개가 필요하다. 그러나 바둑알 3개는 1/4로 나누어지지 않는다. 덧셈 1/3 +1/4을 해결하기 위해서는 12개의 바둑알이 필요하다. 아이가 미래에 수학을 잘하기 위해서는 분수 개념을 완벽하게 이해해야 한다. 나는 아이들이 초등학교 시절에 학습 중심으로 생활하는 것을 권장하지 않는다. 그러나 분수 단원은 어떠한 수단을 강구해서라도 아이가 알고 넘어갈 수 있도록 해야 한다. 엄마는 아이가 이 단원을 배울 때 정신을 바짝 차려야 한다.

아이에게 분수의 덧셈과 뺄셈을 설명할 수 있는 기회를 주면 된다. 아이가 분수를 응용한 문제를 접할 수 있도록 도와주어야 한다. 엄마가 나서서 개념을 설명하고 가르칠 필요는 없다. 엄마는 아이의 설명을 들어주면 된다. 엄마가 아이의 설명을 이해하지 못하면 아이가 선생님에게 그것을 질문을 하면 된다. 선생님이 아이를 도와줄 것이다. 교사에게 질문하는 데는 방법이 중요하다. 교사에게 질문하는 요령은 9장에 언급되어 있다.

요약하면 유치원 시절에는 모국어의 완벽한 습득이 가장 중요하다. 그와 더불어 아이에게 손과 몸의 감각을 활용할 수 있는 생활 속의 각종 경험을 할 수 있는 기회를 주어야 한다. 이 시기의 놀이는 아이들에게는 세상의 전부이다. 아이의 운동감각과 운동신경도 이 시기에 발달한다. 초등학교 시절에는 엄마가 아이에게 모국어를 활용하고 어휘를 확장할 수 있도록 기회를 제공해야 한다. 글쓰기는 늦추고 대화 시간을 늘리자. 아이의 모국어 활용 능력은 친구들과의 대화만으로는 향상되는 데 한계가 있다. 아이는 부모와의 대화를 통해 한국어 어휘 능력과 어휘 활용 능력을 키울 수 있다. 초등학교 시절에 배우는 학습 내용은 대부분 중학교에서 반복된다. 부모는 구체적인 내용의 학습을 줄이고 핵심적인 원리와 개념을 파악하는 학습을 아이에게 권장할 필요가 있다. 모국어와 수학은 기초가 없으면 다음 단계의 학습을 어렵게 한다. 필요한 시기에 적절한 학습이 필요한 과목이다.

# 잘하는 한 가지가 필요하다

아이에게는 남보다 잘하는 한 가지가 필요하다. 공부를 할 때에도 남보다 뛰어난 한 과목이 있으면 아이는 자신감을 가진다. 우리 아이는 초등학교부터 중학교까지 매 학기 성적 우수상을 받아 왔다. 그런데 영어, 수학, 국어 과목의 우수상이 아니었다. 그것은 항상 체육 우수상이었다. 나는 학창 시절에 체육 우수상을 받아 본 적이 없다. 그 시절에는 체육 우수상은 없었던 것으로 기억하고 있다. 아이는 집에서 그 상장을 보여주지 않았다. 자신의 생각에 부모에게 보여줄 만한 가치가 없다고 여긴 듯하다. 그런데 나의 생각은 아이와 달랐다. 나는 중학교까지 가장 중요한 과목은 영어나 수학이 아니라 체육이다. 그래서 나는 과도할 정도로 아이를 칭찬해주었다. 아이는 자기를 놀리는 줄 알고 처음에는 나에게

화도 냈다. 시간이 지나면서 아이는 아빠가 진정으로 그런 생각을 가지고 있음을 알게 되었다. 아이는 영어, 수학, 국어에서 성적이 저조할 수 있다. 그럴 때는 하나의 과목에서 두각을 나타낼 수 있도록 아이를 도와주어야 한다. 그 과목이 도덕이든, 미술이든, 음악이든 상관없다. 아이는 학교에 다니면서 남들보다 잘하는 하나가 있으면 버틸 수 있다. 친구들과 공부를 주제로 대화를 해도 자신을 무기력한 존재로 인식하지 않는다. 왜? 자기도 친구들보다 잘하는 과목이 하나 있기 때문이다. 그것이 어느 과목이냐는 중요하지 않다. 아이에게는 자신의 존재감을 내세울 수 있는 하나가 필요하다.

아이는 자신감을 가지고 친구들을 대할 수 있어야 한다. 반드시 그것이 공부가 아니라도 좋다. 운동을 잘하면 아이가 운동을 통해서 자신을 표현하면 된다. 모든 운동을 잘할 필요가 없다. 농구, 축구, 탁구, 배드민턴, 태권도, 검도 중에서 무엇이든 남보다 잘하는 하나만 있으면 충분하다. 아이가 운동에 소질이 없으면 바둑, 장기, 아니면 마술도 좋다. 아이에게 뛰어난 한 가지 분야에서의 능력을 길러주자.

인간의 능력에는 한계가 있다. 어느 누구도 모든 분야에서 뛰어날 수 없다. 한두 가지 재주가 있으면 다른 분야에서는 남보다 뒤처질 수도 있다. 신이 인간을 공평하게 창조했기 때문이다. 운동을 잘하는 아이는 공부를 못할 수 있다. 공부를 잘하는 아이는 음악, 미술 등의 예술 분야에서 뒤떨어질 수 있다. 수학을 잘하는 고등학생은 일반적으로 언어를 학습하는 데 애를 먹는다. 부모가 모든 과목을 잘하거나, 모든 분야에서 잘해야 하는 아이를 바란다면 그것은 욕심이다. 사람에게는 누구에게나 부족한 점이 있기 마련이다. 물론 모든 것을 잘하는 아이가 있을 수 있다. 그렇지만 그런 아이들을 보고 내 아이를 키울 수는 없다. 아이가 운동을 못하면 훈련을 통해서라도 친구들과 어울릴 수 있도록 해주는 게 좋다. 아이가 노래를 못하면 노래방에서 재미있게 어울릴 수 있는 재주라도 길러주어야 한다. 아이의 친구들이 좋아하는 놀이와 게임이 있으면 적어도 바보 취급을 받지 않게 아이에게 연습할 시간을 주어야 한다. 친구들과의 놀이에서 한 번 고립되면 아이는 마음의 상처를 받는다. 그 상처가 아이의 삶에 심각한 영향을 줄 수도 있다. 아이들은 동료들과의 놀이에서 소외되지 않아야 한다. 부모는 아이들의 집단 따돌림이 아주 사소한 일에서 출발한다는 사실을 기억해두어야 한다. 집단 따돌림은 체육 시간에 가장 많이 일어난다. 집단 따돌림에 대해서는 '이것이 교육이다' 시리즈 2권에서 좀 더 상세하게 다룰 예정이다.

# 농구가 아이의 삶에 미친 영향

우리 아이는 대학생이 된 지금도 농구를 좋아한다. 스스로 농구가 자기의 삶에 미친 영향을 리포트로 쓸 정도이다. 중·고등학교 시절 아이는 거의 매일 농구를 했다. 저녁 8시에 농구하러 나간 아이가 새벽 1시에 들어오는 일도 다반사였다. 중·고등학교 시절에 아이는 길거리 농구대회에 출전한 적도 있다. 물론 체계적인 팀 훈련을 하지 않아서 1회전을 통과한 적은 없다. 만약 특목고 입시 준비를 했다면 상상할 수 없는 생활이다. 중학교 시절 아이의 꿈은 농구 선수가 되는 것이었다. 아무리 생각을 해봐도 아이가 농구 선수가 되는 일은 불가능한 일이었다. 신체적인 조건이 농구 선수가 되는 데 부적합했고, 공을 다루는 능력도 부족했다. 그래도 나는 말리지 않고 해보라고 했다. 나는 길거리 농구대회가 열리는 날에는 늘 아내와 함께 응원을 갔다. 나는 이기라고 응원하러 간 것이 아니라, 게임에 졌을 때 음료수라도 사주기 위해서 갔다.

아이는 농구가 계기가 되어서 책을 읽기 시작했다. 아이는 초등학교 시절에 책을 좋아하지 않았다. 중학교 2학년은 책에 흥미를 느껴야 할 시기이다. 나는 서점에서 아이에게 농구에 관한 책 2권을 사다 주었다. 아이는 그 책을 밤을 새워가면서 읽었다. 아이는 며칠 동안 몇 번이고 되풀이해서 그 책을 읽었다. 아이의 독서 습관은 이렇게 농구에 대한 책으로 시작되었다. 아이가 책에 흥미를 갖기 시작했을 때 엄마는 만화와 당시에 유행하던 판타지 소설을 사주었다. 아이가 새벽까지 침대에 누워서 책을 읽었다. 그렇게 아이는 책과 가까워졌다. 그러면서 자연스럽게 아이는 위인전, 고전, 사회과학 등의 서적을 읽어나갔다. 농구가 아이에게 가져다준 긍정적인 영향이다.

# 비교하면서 키우는 방법도 있다

부모는 자녀가 다른 아이보다 더 낫기를 바란다. 엄마는 옆집 친구 아이 또는 성공한 아이를 예로 들면서 자녀를 다그친다. 아이에게 자극을 주기 위해 엄마가 선택하는 방법 중의 하나이다. 아이들은 엄마의 말을 듣고 자극을 받을까? 그렇지 않다. 아이는 엄마의 소망과 달리 좌절감을 느낀다. 아이는 자기가 노력하는 만큼 인정받기를 원한다. 그런데 다른 아이와의 비교에는 '나'는 없다. '나'는 한없이 작은 존재로 전락하고 만다. 아이는 부모에게 항변하지는 않지만 분노를 느끼기도 한다. 그래서 교육학에서는 절대로 아이를 타인과 비교하지 말라고 부모들에게 권고한다.

나는 교육학자들의 권고와는 달리 비교하면서 아이를 키웠다.

다른 아이와의 비교를 꺼린 적도 없다. 우리 아이는 다른 아이와의 비교를 통해서 좌절감이 아니라 자신감을 얻었다. 어떻게 그것이 가능했을까? 나는 항상 우리 아이가 남보다 잘하는 것을 비교했다. 아이의 초등학교 시절에는 공부와 관련된 것을 비교하지 않았다. 우리 아이는 초등학생 시절에 학습에 관심이 없었다. 아이가 남보다 잘하는 과목이 없었다. 그래서 나는 아이가 남보다 나은 점이 무엇인지 찾아보았다. 아이는 그 또래 아이들이 싫어하는 된장찌개와 김치찌개를 좋아했다. 나는 그것을 비교하고 자랑했다. 아이는 운동을 좋아했고 잘했다. 나는 아이에게 "농구는 네가 제일 잘하지?" 하는 질문을 많이 했다. 미니카 경연대회에 나갈 때는 아이와 함께 미니카를 만들었다. 배터리가 약해서 느리다고 하면 가장 좋은 배터리를 사주었다. 아이도 자기보다 잘하는 친구에 대해서는 말을 하지 않았다. 시험을 보고 오면 자기보다 낮은 점수를 받은 친구들의 숫자를 말했다. 자기보다 높은 점수를 받은 친구들이 몇 명인지는 말하지 않았다. 나는 항상 못하는 아이들이 그렇게 많으냐고 응수를 했다. 사실은 몇 명 되지도 않았는데 말이다. 아이는 그것을 받아주는 부모를 좋아한다.

자녀를 자세히 관찰하면 아이가 남보다 잘하는 것을 발견할 수 있다. 자녀가 산을 잘 오를 수도 있고 노래를 잘할 수도 있다. 그러면 부모는 아이가 잘하는 것을 주제로 대화를 나누면 된다. 이를 통해서 아이들은 부족한 부분을 채우려는 내적 동기가 생겨난다. 아무리 찾아도 남들보다 나은 것이 없다면 아이의 외모, 씩씩한 성격을 자랑거리로 삼아도 좋다. 그것도 없다면 아이가 잠을 잘 잔다고 자랑을 하면 된다. 아이들은 자기의 진정한 모습을 칭찬해주는 부모를 좋아한다. 아이들은 자신의 부족한 면을 부모들보다 더 잘 알고 있다. 아이는 스스로도 그것에 대해 콤플렉스를 느낀다. 그런 아이에게 다른 아이를 칭찬하면서 너는 왜 그렇게 못하느냐고 윽박지르면 아이는 어찌해야 할까? 만약 당신에게 누구는 아파트 가지고 있는데 당신은 왜 아직도 전셋집에 사느냐고 비교를 하면 어떤 기분일까? 아내가 남들은 다 승진하는데 당신만 왜 승진을 못 하느냐고 계속해서 질문을 하면 당신은 어떻게 대응할까? 아이들도 당신과 같은 마음이다. 어쩌면 아이들은 더 큰 상처를 받을 것이다. 그들은 아직 피지 않은 꽃이다. 아직 본격적인 경쟁을 시작하지도 않았다. 미래에 아이가 어떻게 변할지 알 수 없다. 지금 조금 모자라는 부분을 질책하고 비교하면 아이들은 부모의 뜻을 받들어서 그 친구를 이겨야겠다고 결심할까? 그것은 부모의 생각이지, 아이의 생각이 아니다.

그렇다고 부모가 늘 된장찌개 잘 먹는다는 칭찬만 하고 있을 수는 없다. 부모는 자기 아이도 다른 아이처럼 공부도 잘하고, 운동도 잘하는 아이가 되기를 원한다. 그러기 위해서는 부모의 노력과 인내심이 필요하다. 내 아이를 공부를 잘하는 아이로 키우고 싶다면 지금의 성적으로 아이를 비교하지 말자. 아이에게는 다음과 같은 격려의 말이 필요하다.

"야! ○○가 공부 좀 한다면서? 그래 그 친구는 매일 학원도 다니고 집에서 공부도 하니까 잘할 거야. 그런데 너무 부러워하지 마라. 너도 나중에 마음먹고 하면 그 친구보다 10배는 잘할 수 있어. 그 친구 10시간 공부할 때 너는 1시간만 해도 이길 수 있어. 그러니 마음대로 놀고 언젠가 네가 하고 싶을 때 한번 해봐."

부모는 아이가 성장 단계마다 가질 수 있는 열등감을 해소시켜 주어야 한다. 아이의 키가 작다고 키를 크게 해준다는 병원에 다닐 일이 아니다. 그것은 아이에게 키에 대한 열등감만 키울 뿐이다. 키를 키우는 처방이 효과가 있는지 모르지만 키가 3센티미터 더 큰다고 아이가 승자가 되지 않는다. 차라리 부모는 아이의 다른 장점을 살려서 키에 대한 열등감을 극복할 수 있게 도와주는 편이 낫다. 아이가 공부 못한다고 아이를 학원에만 보낼 일도 아니다. 당장 아이의 성적이 나아지지 않는다. 부모는 차분하게 아이의 약점을 보완할 수 있는 방법을 찾아보아야 한다. 지금은 부모의 기대에 부응을 못 한다 할지라도 아이가 부모와 대화할 수 있는 창은 열려 있어야 한다. 그렇지 않으면 아이들과의 대화가 단절된다. 요즘 한국에는 아버지와 대화를 하지 않는 대학생, 직장인들이 많다. 그들은 커가는 과정에서 다른 아이와 비교를 당했다. 그리고 현재 그들이 사회적 위치는 부모가 원했던 바가 아니다. 부모의 기대를 충족시키지 못한 자녀는 부모와의 대화를 거부하게 된다. 이렇게 부모와 자식의 관계는 특별한 이유 없이 소원해진다. 같이 살지만 부모와 자식 간에 대화가 없다. 왜 같은 집에서 살고 있는지 알 수가 없다. 부모와 자식 간의 단절을 막기 위해서라도 대화의 가능성은 열려 있어야 한다. 자식은 부모가 기대한 대로 성장할 수도 있다. 그러나 그렇지 못한 경우가 훨씬 더 많다.

**| 추천의 글 |**

저자가 핀란드에서 유학을 하면서 아이의 모국어인 한국어를 지키기 위해 엄청나게 노력을 기울였던 부분이 나에게는 매우 감동적이었다. 저자는 한국 사회에서 '엄마'가 누구인지, '엄마'의 위대한 힘은 무엇인지를 물으며, 진정한 '엄마'로 돌아가라는 메시지를 던지고 있다. 엄마의 영향력 안에 있지만 아이가 '포로'가 아니라는 사실을 '한국 엄마'에게 묻고 있다. 이 책은 독자에게, 아니 한국 교육 현실에 진지하게 묻고 있다. 당신은 어떤 '엄마'인가? 나아가, 당신은 '부모'인가, '학부모'인가?

—엄기형 (한국교원대 교육정책전문대학원 교수)

아이의 미래에 도움이 되지 않을 공부를 강요하면서 자신의 삶을 희생하고 있는 엄마들에게 자신 있는 엄마로 돌아갈 것을 주문하는 건강한 책! 한 아이를 훌륭한 젊은이로 키워낸 선배 부모가 들려주는 소박한 교육 철학 이야기!

—연재훈 (런던대학 동아시아학과 교수)

요즈음 신입사원은 스스로 문제를 해결하지 못하고 지시를 따르는 데에 익숙해져 있다. 회사는 그들의 창의성을 이끌어내기 위해서 많은 교육을 해야 한다. 부모들이 자기의 기준으로 아이들을 키우고 사회가 성적으로만 평가를 했기 때문이다. 이 책에 그에 대한 해답이 담겨 있다.

—유병기 (비케이전자(주) 대표이사)

06

# 선행교육이 필요할까?

# 선행교육이 정답일까?

흔히들 대한민국의 학교를 지옥이라고 표현한다. 정말로 한국의 학교는 지옥일까? 아니다. 학교는 지옥이 아니다. 적어도 초등학교의 아이들은 학교에서 즐거운 시간을 보내고 있다. 아이들은 새로운 것을 배우고, 친구들과 즐겁게 대화를 하고, 점심 시간에는 운동도 한다. 고등학생은 모두가 입시 준비에 여념이 없지만 초등학생과 중학생은 학교를 입시지옥이라고 여기지 않는다. 그런데 왜 다들 학교를 지옥이라고 할까? 사실은 학교가 지옥이 아니라, 학생으로서 사는 생활이 지옥과 같다. 학생들의 지옥과 같은 생활은 학교 수업이 끝난 후에 시작된다.

얼마 전 목동의 한 초등학교에서 자녀 교육에 대한 특강을 했다. 이 책 내용의 일부를 강의에 포함시켰다. 아이의 유치원 교육을 끝낸 초등학생 학부모를 대상으로 한 강의였지만, 나는 유치원의 한글 교육이 왜 불필요한지, 그리고 조기 영어 교육이 얼마나 무모한 교육인지를 설명해주었다. 강의가 끝나고 엄마 한 분이 책을 읽으려 하지 않는 아이가 책에 흥미를 느끼게 하는 방법을 알려달라고 했다. 나는 다음과 같이 답변을 했다.

"기다리면 아이가 책에 흥미를 느낄 겁니다. 중학생이 되어도 책을 싫어하면 아이가 가장 좋아하는 분야의 책을 한두 권 사다 주세요. 그 분야는 축구가 되었든 게임이 되었든 상관없습니다. 중요한 것은 아이가 관심을 가진 분야의 책이어야 한다는 것입니다. 혹시 아이가 특별히 관심을 가지고 있는 분야가 없다면 만화책을 사다 주세요. 책 읽는 습관이 생기면 아이는 엄마가 읽었으면 했던 책을 찾을 겁니다."

잠시 주저하던 그 엄마는 아이가 빨리 책에 흥미를 가지면 좋겠다고 아쉬움을 표했다. 안타까운 마음이 들어서 도움을 주려고 아이의 나이를 물었다. 아이는 이제 겨우 27개월이라고 했다. 그래서 그 아이에게 엄마가 직접 책을 읽어주라고 했다. 엄마는 세 살도 되지 않은 아이에게 선행교육으로 책 읽기를 권장하고 있었다.

한국 엄마의 자녀 교육에 대한 열정은 전 세계에서 가장 강하다. 부모가 자식이 잘되기를 바라는 것은 인지상정이다. 엄마는 공교육을 믿고 아이를 학원에 보내지 말라는 권고를 받아들이지 않는다. 사교육의 사회적 병폐는 엄마의 관심사가 아니다. 어떠한 사교육 억제 정책을 내놓아도 엄마의 자녀 교육에 대한 열정은 식지 않을 것이다. 한국의 엄마는 힘겨워도 아이를 위해 희생할 각오가 되어 있다. 만약 선행교육이 아이들의 학습에 도움이 된다면, 그것을 막을 방법이 없다. 그래서 나는 막연하게 선행교육을 시키지 말자고 주장하거나 권고할 생각이 없다. 이제부터 선행교육이 왜 문제가 되는지 그리고 선행교육이 필요한 시점이 언제인지에 대해서 논해보고자 한다.

# 수학 선행교육은 위험하다

최근 통계에 따르면 인문계 고등학교 2학년 학생들의 60%가 수학을 포기한다고 한다. 이들은 '수포자', 즉 수학을 포기한 학생이다. 본래부터 수학을 못했던 학생들이 고등학교에서 포기하는 것이 아니다. 그중에는 중학생, 특히 중학교 1, 2학년 때에는 수학 시험에서 만점을 받았던 학생들도 상당수가 있다. 엄마는 자녀가 수학에 재능이 있다고 알고 있었다. 그래서 엄마들은 고등학생이 된 자녀가 갑자기 수학을 포기하는 이유를 알지 못한다. 실제로 학부모 강의를 나가보면 아이가 수학을 포기하는 이유를 알지 못하는 부모들이 수두룩하다. 그들은 하나같이 중학교 시절에는 아이가 수학을 정말 잘했다고 말을 한다. 그것은 거짓말이 아니다. 수학 선행교육은 중학교 1, 2학년 때까지 그 효과가 나타날 수 있다. 중학교 과정의 수학은 그리 복잡하지 않다.

대체로 고등학교에서 수학을 포기하는 학생들은 두 집단으로 나누어진다. 한 집단은 본래부터 수학에 흥미가 없는 학생들로 구성되고 다른 집단은 초등학교 시절부터 선행학습을 한 학생들로 구성된다. 여기에서는 선행학습을 한 학생들이 논의의 대상이다. 이 학생들은 초등학교 5, 6학년 때 중학교 수학을 배우고, 중학교 2, 3학년이 되었을 때 고등학교 수학을 배웠다. 중학생 중에는 고등학교 1학년의 '10-가', '10-나'는 물론 2, 3학년 과정까지 끝내는 아이들도 있다. 고교 1학년 과정을 학습하는 초등학생들도 있다. 그런데 왜 선행학습을 한 학생들이 정작 고등학생이 되면 수학을 포기할까? 선행학습을 한 아이들은 고등학생이 되면 수학 외에 다른 부족한 과목을 공부해야 한다. 그들은 과학, 사회 등의 암기 과목, 또는 언어나 영어 과목에 시간을 투자해야 한다. 그리고 수학 공부는 복습 차원에서 응용문제 풀이에 그쳐야 한다. 그런데 오히려 수학을 포기하는 고등학생들이 점점 늘어나고 있다. 수학을 포기하면 소위 말하는 일류 대학에 입학을 할 수 없다. 그럼에도 불구하고 학생들은 어쩔 수 없이 수학을 포기하고 있다. 이것은 바로 초등학교와 중학교에서 이루어진 선행학습에서 비롯된 현상이다.

영어와 달리 수학 과목의 선행학습은 매우 위험하다. 초등학생은 초등수학의 기본 개념과 이해에 주력해야 한다. 초등학생은 그 수준의 응용문제를 집중적으로 학습할 필요가 있다. 암기한 공식을 적용한 문제 풀이는 엄격한 의미에서 수학이 아니다. 초등학교 저학년에서 배우는 덧셈, 뺄셈, 곱셈, 나눗셈을 활용한 문제 풀이는 사칙연산에 속하는 단순한 계산이다. 사칙연산을 배웠다고 중학교, 고등학교 수학의 응용문제를 풀어낼 수 없다. 중·고등학교의 수학은 공식을 응용하고, 논리적인 사고력을 동원하여 가장 적절한 방법으로 문제를 해결하는 능력을 요구한다. 비교적 단순한 사고를 하는 초등학생이 고도의 응용 능력을 요구하는 문제를 해결할 수 없다. 그래서 초등학교 고학년 학생들에게는 그들의 수준에 맞는 응용문제를 통해서 수학적 사고를 향상할 수 있는 과정이 필요하다. 그 과정을 거치면서 충분한 수학적 사고력을 기르고 난 후에 중·고등학교의 수학을 접하는 것이 옳다.

수학 선행교육이 왜 문제인지를 구체적으로 살펴보기로 하자. 중학교 과정의 수학은 초등학생의 수학적 능력을 벗어난다. 초등학생이 중학교 과정의 수학을 미리 공부하면 충분한 수학적 사고력을 키울 수 없다. 초등학생은 중학교 수학 문제를 해결할 수 있는 수학적 사고 능력이 발달하지 않은 단계에 있다. 이 능력을 가진 초등학생은 극소수에 불과하다. 대한민국에 몇 명 되지 않는다. 그럼에도 불구하고 평범한 초등학생들도 중학교 과정의 수학을 배우고 공부할 수는 있다. 이들도 공식을 암기하고 문제를 풀면서 그 단원에 익숙해질 수는 있다. 그러나 그들에게는 응용문제를 풀어낼 만한 문제 해결 능력이 부족하다. 수학에 흥미를 느껴서 미리 중학 과정을 스스로 재미있게 공부하는 학생도 있다. 그러나 대부분의 학생들은 학원이나 개인 과외를 통해서 수학 선행교육을 받는다. 선행교육, 특히 수학 과목에서의 선행교육은 필연적으로 진도를 나가는 과정에 머물 수밖에 없다. 아이들에게 첫 단원부터 응용문제를 충분히 풀 수 있도록 배려하지 않기 때문이다. 여기에는 학부모들의 요청도 한몫을 한다. 옆집의 아이가 중학교 1학년, 2학년 과정을 끝냈다고 하면 엄마는 자기 자녀도 그것을 끝내야 한다고 생각한다. 가르치는 사람들은 이러한 엄마의 요청을 받아들여서 진도를 나가주어야 한다. 가르치는 강사가 진도를 나가지 않고 수학적 사고를 가르치고 싶어도 그럴 수 없는 이유가 바로 여기에 있다.

대부분의 학생들이 고등학교 2학년 때 수학을 포기하는 데에는 이유가 있다. 공식을 암기하면서 진도를 빼는 수학 공부법을 통해 학생들은 중학교 3학년까지는 버텨낼 수 있다. 왜냐하면 중학교 3학년 과정까지 출제되는 수학 응용문제는 비교적 단순하기 때문이다. 열심히 공부하는 학생들은 많은 문제를 접하면서 그 해결 방법을 찾아낼 수가 있다. 문제의 유형을 파악해서 유사한 문제를 풀어내는 것이다. 하지만 고등학교 2학년이 되어 수학능력시험에서 출제되는 유형을 접하게 되면 상황이 달라진다. 수능 시험에서 출제되는 수학 응용문제는 그리 간단하지 않다. 유사한 문제 유형을 많이 풀어보았다고 해도 그 문제를 해결할 수는 없다. 학생들은 시험을 보는 현장에서 그동안 쌓은 수학적 사고력을 발휘할 수 있어야 그 문제를 푼다. 엄마는 수학 선행교육이 지니는 위험을 반드시 알고 있어야 한다.

# 수학!
어떻게 할까?

다른 분야도 예외일 수는 없겠지만 수학에서는 특히 어린 시절부터 수준에 맞는 문제 해결 능력을 키우는 것이 중요하다. 수학은 가장 빠르고 정확한 방법으로 문제를 해결하는 능력을 배양하는 과목이다. 소프트웨어 개발자가 프로그램을 짜서 결과를 내는 방법은 다양한 형태로 존재한다. 어떤 개발자는 단 10줄의 컴퓨터 언어를 사용하여 결과를 낸다. 그런데 같은 결과를 내기 위해서 20줄, 30줄의 코드를 짜는 개발자도 있다. 수학에서 4줄로 풀 수 있는 문제를 10줄로 써서 풀어내는 것과 다르지 않다. 서울에서 부산까지 자동차로 가는 방법에는 수십 가지가 있다. 강원도 강릉을 거쳐서 동해남부선을 이용할 수도 있고, 광주를 거쳐서 남해고속도로를 타고 갈 수도 있다. 그런데 가장 빠르고 정확한 방법은 경부고속도로를 이용하는 것이다. 수학은 이렇게 가장 빠른 방법으로 경부고속도로를 타고 가는 방법을 찾아내는 능력을 키우는 과목이다. 초등학생은 가까운 곳을 가는 방법부터 익혀야 한다. 성장하면서 더 멀리 가는 지름길을 찾아내는 방법도 익혀야 한다. 이웃 마을에 가는 방법도 모르는 아이가 서울에서 부산까지 가는 지름길을 찾아낼 수는 없다.

부모는 아이의 재능을 발견해서 그것을 키워줄 의무가 있다. 나는 우리 아이에게 수학적 재능이 있다고 생각한 적이 있다. 그때 아이는 중학생이었다. 나는 서점에서 중학생용 수학 올림피아드 책을 한 권 샀다. 그리고 책에 나와 있는 몇 문제를 살펴보았다. 대부분의 문제는 아무리 읽어보아도 무엇을 묻고 있는지조차 파악할 수 없었다. 파악된 문제도 도무지 풀어낼 방법을 찾을 수 없었다. 학교를 졸업하고 많은 시간이 흘렀지만 나는 고등학교 수준의 수학 문제를 풀어낼 수 있다. 학창 시절에 워낙 수학을 좋아한 탓도 있지만 대학에 간 이후에도 학생들을 가르치면서 쌓은 실력도 한몫한다. 그런데 나조차 이해하지 못하는 문제를 중학교 1학년에 다니는 아이에게 풀어보라고 권할 수가 없었다. 그래서 아이는 수학 올림피아드에 도전을 하지 않았다.

수학에는 독특한 면이 있다. 다른 과목에서는 잘 모르는 부분이 있으면 암기를 해서 자기 지식으로 만들면 된다. 수학에서는 이 방법이 통하지 않는다. 수학은 잘 모르는 부분이 있어 암기를 한다고 해도 해결될 수 있는 과목이 아니다. 수학은 정답을 보지 않고 문제를 풀기 위해서 다양한 시도를 해야 하는 과목이다. 알고 있는 수많은 수학적 지식 중에서 어떤 것을 적용해서 문제를 해결할지 고민하는 과정이 중요하다. 그 과정을 통해서 수학적 사고력이 신장된다. 우리는 수학 문제를 해결하면서 다양한 경우의 수를 경험하게 된다. 세종대왕은 백성들이 쉽고 편안하게 글자를 배우게 하기 위해서 한글을 창제했다. 우리는 이 사실을 배우고 기억하면 된다. 또 다른 목적이 있었다면 그것을 덧붙여서 기억하면 된다. 한글을 창제한 목적에는 다른 경우의 수가 없다. 그러나 수학에는 다양한 경우의 수가 존재한다. 그래서 수학적 사고능력은 무작정 열심히 공부를 한다고 해서 길러지지 않는 것이다. 인터넷 강의 수강과 같은 수동적인 학습은 수학에서는 큰 의미가 없다. 스스로 사고해서 문제를 해결하는 방법을 찾아내는 과목이 수학이다. 강사의 설명을 듣고 문제를 풀어보는 방법으로는 수학적 사고를 발전시킬 수 없다. 아이들은 학원에서 수동적으로 수학을 배운다. 강사는 문제의 요지와 그 해결 방법을 설명한다. 아이들은 그것을 듣고 수많은 문제를 푼다. 이것은 아이들의 수학적 능력 향상에 전혀 도움이 되지 않는다. 아이들은 수학을 공부한 것이 아니다. 질문의 요지를 파악하고 그 해결책을 찾기 위해 고민하는 과정이 수학이기 때문이다. 해결책을 듣고 문제의 답을 구하는 것은 수학이 아니라 초등학생이 하는 산수에서 하는 행위이다.

학생들은 사고를 하지 않고 단순한 사칙연산을 통해 답을 구한 것뿐이다.

사고하지 않고 수학을 배운 아이들은 수학을 잘할 수 없다. 그래서 부모는 아이가 어린 시절부터 수학적으로 사고할 수 있는 기회를 제공해야 한다. 우리 아이가 초등학교에 다닐 때 나는 아이의 수학적 사고를 키워줄 수 있는 방법이 없을까 고민을 많이 했다. 수학적 사고력은 다른 과목의 학습에도 결정적인 영향을 끼칠 수 있다. 나는 아이의 초등학교 시절, 자동차로 장시간 이동할 일이 생기면 차 안에서 아이와 대화를 많이 했다. 때로는 수학 문제가 대화의 주제가 되었다. 그것을 위해 준비물이 필요한 때도 있었다. 예를 들면 나는 주사위 2개를 미리 준비해서 차에 타고, 아이에게 주사위를 던지게 했다. 주사위를 6번 던지면 1이 몇 번 나올까? 아이는 미래에 배울 확률과 경우의 수를 미리 접할 수 있었다. 주사위를 던지는 과정을 통해서 아이는 자연스럽게 확률의 개념을 몸으로 익혔을 것이다. 아이는 주사위를 던지면서 확률의 개념을 깨닫게 된 것이다. 2개의 주사위를 한꺼번에 던지면서 아이는 새로운 차원의 확률에 대해서도 고민을 하게 되었다. 마지막으로 아이는 문제도 내고 왜 그런지 이유를 설명했다. 주사위를 던지면 6개의 숫자 중에 하나가 나온다. 아이는 주사위를 던지면서 각 숫자가 나올 가능성이 같다는 사실을 인지했다. 이것이 어린 시절에 할 수 있는 수학적 경험이다. 확률에 대한 본격적인 학습은 중학교나 고등학교에 가서 할 것이다. 아이가 경험한 것을 확률이라고 말해줄 필요가 없다. 그러면 그것은 공부다.

또 다른 예도 있다. 시계를 놓고 아이와 함께 분침을 돌리는 놀이를 한 적이 있다. 아이는 분침을 돌리는 재미에 빠졌다. 그 과정에서 나는 아이와 대화를 나누게 되었다. 그러면 분침이 한 바퀴 돌면 시침은 얼마나 움직일까? 분침이 30분을 가면 시침은 얼마나 갈까? 분침이 한 바퀴를 돌면 시침이 30도 움직인다. 그리고 분침과 시침에 대한 질문이 오고 간다. 아이는 그런 대화가 공부나 학습이라는 생각을 하지 않았다.

나와 아내가 한국어 어휘 교육의 중요성을 예측하지 못해서 아이는 중·고등학교 시절에 많은 시련을 겪어야 했다. 그렇지만 어릴 적부터 수학적 사고 능력을 키워주기 위한 노력을 기울인 덕분에 중·고등학교에서 수학 공부에서는 어려움을 겪지 않았다. 중학교, 고등학교 시절에 아이는 친구들에게 수학 문제를 풀어주는 버릇이 있었다. 우리 아이는 친구들의 질문을 해결해주었다. 나는 아이에게 그것을 적극적으로 권장했다. 친구들에게 문제를 설명하고 가르쳐주는 과정에서 아이는 더 많은 것을 얻을 수 있다고 판단했기 때문이다. 본인이 알고 있는 것을 친구에게 설명해준다고 자기의 학습 시간을 허비하거나 낭비하게 되는 것이 아니다. 중학생, 고등학생의 지식은 완성되지 않은 구름과 같은 무정형 상태로 존재한다. 가르침을 통해서 아이들은 새로운 것을 깨닫게 되고, 무정형의 지식을 자신만의 모양으로 만들어간다. 아이는 친구들의 질문을 해결해주기 위해서 며칠 동안 고민을 하기도 했다. 자기는 알고 있지만 친구들이 쉽게 이해할 수 있는 설명 방법을 찾아내기 위해서였다. 아이는 이 과정을 통해서 수학적 사고 능력을 지속적으로 발전시켜나갔을 것이다. 아이에게는 친하게 지내는 중·고등학교 친구들이 유난히 많다. 수학 문제를 해결해주면서 친구들과의 관계가 더 돈독해졌을 것이다. 아이들의 수학적 사고는 초등학교 시절부터 점진적으로 발달한다. 초등학교 학생은 초등학교 수학 공부를 하는 것이 옳다.

# 개념과 원리를 공부해라

중학교 2학년이 되었을 때 우리 아이는 인수분해를 배웠다. 인수분해에는 초등학교부터 배운 사칙연산이 본격적으로 적용된다. 인수분해를 제대로 알지 못하면 이후에 수학 공부를 하는 데 많은 어려움을 겪는다. 초등학교의 분수, 고등학교 1학년의 도형과 같은 정도의 중요성을 가진 부분이다. 아이는 인수분해 문제를 풀지 못하겠다고 나에게 들고 왔다. 인수분해는 중학생에게 매우 어려운 부분이다. 아이들은 인수분해를 처음 배울 때 몹시 당황해 한다. 나는 아이에게 인수분해의 개념이 무엇인지 파악하라고 했다. 아이는 책과 인터넷을 검색해서 그 개념을 파악했다. 인수분해는 덧셈과 뺄셈으로 구성된 식을 곱하기로 바꾸는 것이다. 아이는 인수분해의 정확한 개념을 스스로 알아냈다. 만약 아이가 인수분해의 정의를 내리지 못했다면 나는 끝까지 찾아보라고 했을 것이다. 그래도 아이가 알아내지 못하면 다른 방법을 통해서 스스로 개념을 파악할 때까지 기다렸을 것이다. 그것을 파악하기 위해서 일주일의 시간이 필요하면 아이는 그 시간을 투자하면 된다. 아이들은 무엇이든 자신이 해결하지 못하고 다른 사람이 가르쳐주면 제대로 알지 못한다. 이럴 때 아이들이 벽에 부딪혀서 앞으로 나아가지 못할 수 있다. 그때는 아이에게 무조건 해보라고 강요하지 않아야 한다. 내가 도움을 줄 수 없으면 누군가에게 부탁을 하면 된다. 교사가 아이에게 도움을 줄 수 있다. 대체로 아이들은 인수분해의 개념을 모른 채 수백 개의 연습문제를 풀고 있다. 학생들은 고등학교를 졸업할 때까지 수만 개의 인수분해 문제를 푼다. 그런데 정작 학생들은 인수분해의 정의를 모르고 있다. 이 책을 읽고 있는 독자들은 중·고등학교에서 수학을 공부할 때 인수분해의 개념을 알고 있었을까?

아이가 인수분해의 개념을 파악했을 때 아이에게 던져진 다음 과제는 10개의 인수분해 문제를 만들어보는 일이었다. 능동적인 수학 공부 방식이다. 단순히 주어진 문제를 풀어보는 방식으로는 인수분해를 근본적으로 이해할 수 없다. 주어진 문제 풀이 방식으로 아이들이 유형에 익숙해질 수는 있다. 그렇지만 근본적인 개념을 이해하기 위해서는 스스로 문제를 출제하고 설명을 해보아야 한다. 무엇이든 설명할 수 없으면 아는 것이 아니다. 아이는

$x^2-2x-3$, $x^2-3x-4$, $x^2-4x-5$와 같이 숫자를 하나씩 더해서 10문제를 만들어왔다. 물론 아이가 만든 문제에는 오류가 없었다. 같은 유형에 숫자를 하나씩 더한 문제들이었기 때문이다. 인수분해를 처음 공부한 아이는 가장 쉽고 간편한 문제를 만들었다. 나는 칭찬을 해주었다. 그리고 "야! 너는 자존심도 없니? 숫자를 하나씩 올려서 10문제 만들어? 다양한 숫자들로 구성해서 5문제만 내봐라"라고 했다. 아이는 다양한 숫자의 조합으로 5문제를 만들어왔다. 그중 4문제는 인수분해가 되었지만 1문제는 잘못된 것이었다. 나는 아이에게 잘못된 문제를 풀어보라고 했다. 아이는 스스로 문제를 잘못 만들었음을 깨달았다. 이렇게 수능 시험까지 영향을 미치는 인수분해의 학습은 완벽하게 끝났다. 그 이후로 아이가 인수분해에 대해서 어려움을 토로한 적이 없다.

위와 같은 방법으로 아이들은 개념과 원리를 중심으로 학습할 수 있다. 수학은 암기하는 학습 과목이 아니라, 개념을 파악하고 적용하는 과목이다. 영어에서도 문법에는 수학과 같은 학습 방식이 적용되어야 한다. 아이가 중학교 3학년이 되었을 때 나는 아이에게 《뿌리 영문법》의 교정을 봐달라고 했다. 아이가 몇 개의 어색한 문장과 단어를 찾아냈다. 아이에게 교정을 시킨 목적은 아이가 틀린 부분을 찾아내도록 하기 위함이 아니었다. 아이에게 부정사, 동명사, 의미상 주어, 접속사와 같은 개념을 파악할 수 있는 기회를 제공하기 위함이었다. 책 《뿌리 영문법》의 원고를 교정하면서 우리 아이는 자연스럽게 영문법의 개념과 원리를 알게 되었다. 고등학교에 들어가자마자 갑자기 우리 아이의 성적이 급상승한 데에는 《뿌리 영문법》이 큰 도움을 주었을 것이다. 이 책을 읽으면서 아이는 영문법도 익혔겠지만 공부가 무엇인지 그리고 어떻게 공부를 해야 하는지를 깨달았을 것이다. 그리고 고등학교에 입학하기 전 3개월 동안 아이는 영어, 수학 공부에 몰두를 했다. 아이는 개념과 원리 중심의 공부가 무엇인지 알고 나서 공부를 시작했다.

# 왜 엄마는 학원에 매달릴까?

좋은 학원을 찾아내는 것이 엄마의 정보력이라고 한다. 좋은 학원에 아이를 보내는 것이 엄마의 능력으로 평가받고 있다. 엄마가 수집한 정보의 힘이 미래에 아이에게 어떤 영향을 미칠지는 알 수 없다. 이 시대에는 아이에게 최고의 교육 기회를 제공하는 것이 유능한 엄마의 조건이다. 이렇게 엄마들이 학원 교육에 매달리는 이유는 무엇일까?

• 엄마는 불안하다

주변에 있는 아이들이 모두 학원에 다닌다. 혼자서 공부한다는 아이가 없다. 엄마는 불안해진다. 학원을 다니지 않으면 아이는 학습지라도 신청해서 가정 방문 교사와 함께 공부를 해야 한다.

학원에 보내지 않으면 아이가 대열에서 낙오될 것 같다.

• 엄마는 죄의식을 느낀다

경제적인 이유로 아이를 학원에 보낼 수 없게 되면 엄마는 파출부 일을 시작해서 학원비를 벌어들인다. 그렇게 해서라도 아이를 학원에 보내야 한다. 아이를 학원에 보내지 못하면 엄마는 죄의식을 느낀다.

• 엄마는 소문을 듣는다

엄마들이 모여서 어느 학원의 어떤 선생님이 최고라고 정보를 교환한다. 그 선생님 밑에서 공부를 한 학생들이 좋은 대학에 들어갔다고 한다. 아이가 좋은 대학에 들어가기 위해서는 그 강사에게 아이를 맡겨야 한다. 최고의 강사, 최고의 학원에서 공부를 해도 대학에 가지 못한 학생이 더 많다. 실패한 학생이 더 많지만 엄마는 유혹을 뿌리칠 수 없다.

• 엄마는 책임감을 느낀다

어린 시절에 학원에 보내지 않아서 아이가 공부에 실패할 가능성도 있다. 상급 학교에 진학해서 아이가 학원에 보내주지 않아서 따라갈 수 없다고 말할지도 모른다. 엄마는 미래에 들을 수도 있는 자녀의 불평을 두려워한다. 엄마가 아이의 미래를 망쳤다는 말을 듣고 싶지 않다.

• 엄마는 정당성을 확보하고 싶다

아이가 엄마의 기대만큼 공부를 못할 수도 있다. 아이에게 그 결과의 책임을 전가하고 싶다. 성적이 나쁜 것은 모두 아이의 탓이다. 엄마는 아이를 위해서 모든 것을 해주었다.

아이들을 학원에 보내게 되는 이유를 열거해보았다. 언급한 내용 외에도 다른 이유들이 있을 수 있다. 아이들의 관점에서 보면 자신은 학원에 갈 이유가 없다. 아이들은 부모에게 책임을 묻지 않았다. 아이들은 소문을 듣지도 않았고, 불안하지도 않았다. 아이가 스스로 부족한 과목의 보충을 위해서 학원에 가겠다고 엄마에게 요청하지도 않았다. 엄마가 생각하고 결정한 것이다. 아이의 교육에는 학교와 부모의 몫이 따로 있다. 부모는 아이 교육의 책임에서 벗어나고 싶어도 그럴 수가 없다. 그렇지만 아이를 학원에 보내주었다고 엄마의 정당성이 확보되지는 않는다. 오히려 아이는 부담을 가지게 된다. 아이들은 모든 잘못이 자기에게 있다고 생각한다. 단지 아이는 부모가 원하는 대로 학원에 다녔을 뿐이다.

# 선행교육은 언제 필요할까?

초등학교 시절의 선행교육은 어떤 의미에서든 불필요하다. 초등학교 시절에 중학교 과정을 배운다고 해서 아이에게 큰 도움이 되지는 않는다. 유치원에서 초등학교 1학년 과정을 미리 공부하게 되면 아이들은 처음부터 학교에 다니는 즐거움을 잃어버리게 된다. 배움의 기쁨을 누리지 못하면 아이들은 학교에 다니는 재미를 느끼지 못한다. 아이들은 배울 것이 없으면 학교에 가는 것을 좋아하지 않는다. 학년이 올라갈수록 아이들은 학교에서 점점 많은 것을 배워야 한다. 수업이 점점 중요해지는데 아이들은 이미 학교 수업에 흥미를 잃어버렸다. 유치원, 초등학교 시절의 선행교육은 순기능보다 역기능이 훨씬 많다. 먼저 배우는 것이 항상 좋은 것은 아니다.

유치원, 초등학교 시절의 선행교육은 부작용이 많지만 선행학습이 아이의 학습에 도움을 줄 때가 있다. 고등학교에 입학하기 전에 아이들은 선행학습을 해야 한다. 이 시기의 선행학습은 반드시 필요하다. 대학 진학을 목표로 고등학교에 가는 학생은 입학 전 3개월을 알차게 보내야 한다. 중학교와 고등학교의 교과과정은 확연하게 구별이 되기 때문이다. 중학교 과정을 이수해도 학생들이 따라가기 벅찬 과목들이 있다. 바로 영어, 수학, 국어이다.

중학교 3학년과 고등학교 1학년 영어 교과서는 지문의 수준이 완전히 다르다. 지문에 등장하는 어휘의 수준도 훨씬 높아지고 문장도 복잡해져서 학생들은 단어를 알아도 그 뜻을 이해할 수 없다. 고등학교 1학년이 치르는 영어 시험은 수능 시험에 버금간다. 이런 이유로 학생들은 중학교 과정의 영어를 성실하게 배웠어도 고등학생이 되면 당황하게 된다. 학생들은 순간적으로 영어에 대한 자신감을 잃게 된다. 수학과 달리 고등학교 1학년 때 영어를 포기하는 학생들이 많다. 중학교 3학년 겨울방학 기간에 학생들은 고등학교 과정에 대비한 영어 선행학습을 해야 한다. 이 기간 동안 고등학교 전 과정에서 필요로 하는 어휘 학습을 해두면 도움이 된다. 고등학교 1학년 과정의 어휘 학습으로는 부족하다. 그렇게 어휘 학습을 해도 고등학교에 가면 또 다른 어휘를 공부해야 한다. 어휘 학습과 더불어 중요한 분야는 영문법이다. 영문법에 대한 지식이 없으면 학생들은 영어 지문을 읽어나갈 수 없다. 어휘와

문법 학습을 끝낸 학생들에게는 관심 있는 분야의 원서를 한두 권 읽을 것을 권장한다. 독서는 자기가 공부한 내용을 점검할 수 있는 좋은 기회를 제공한다.

중학교 수학에서는 단순히 공식을 적용하는 방법으로 문제를 해결할 수 있지만 고등학교 수학은 차원이 다르다. 고등학교의 수학 문제는 단순히 암기한 공식을 적용해서는 풀 수 없다. 고등학교 수학은 중학교 수학과는 비교할 수 없을 정도로 수준이 높다. 따라서 중학교 3학년 겨울방학 기간에 고등학교 수학 '10-가', 시간적 여유가 있다면 '10-나'까지 한 번 정도 예습하는 것이 필요하다. 스스로 학습 속도가 매우 늦다고 생각하면 중학교 3학년 여름방학부터 선행학습을 하는 것도 고려해볼 만하다. 선행학습을 위해서 반드시 학원에 갈 필요는 없다. 중학교 3학년까지 개념 중심의 학습을 한 학생은 스스로 사고하고 추론할 수 있는 능력을 보유하고 있다. 참고서에 자세한 설명이 있어서 혼자서 개념을 파악하고 문제를 풀 수 있다. 학원에 다니면서 수동적으로 배우는 학습보다 혼자서 하는 능동적인 학습이 더 효과적일 수 있다. 이 시기의 선행학습은 말 그대로 미래에 배울 내용을 어느 정도 숙지하는 단계이다. 모든 것을 완벽하게 학습할 필요는 없다. 기본적인 개념을 파악하고 고등학교에서 어떤 것을 배울지를 맛보는 단계이다. 이 시기에는 어려운 문제를 풀어내기 위해서 많은 시간을 소비할 필요가 없다. 어차피 고등학교에 가면 수업 시간에 그 내용을 다시 다루게 된다. 혼자 공부할 때 그렇게 어려웠던 문제가 수업을 들으면서 해결되는 것을 보는 재미도 쏠쏠하다.

국어는 특별히 학습을 염두에 두고 준비할 필요는 없다. 글을 많이 읽는 것이 가장 좋은 방법이다. 시간 날 때마다 시, 소설 등의 작품을 많이 읽을 수 있도록 해줘야 한다. 고등학교에서는 어려운 어휘들이 등장하는 논설문과 설명문을 분석할 수 있는 능력이 요구된다. 이러한 유형은 지문을 읽고 책에 있는 내용을 요약해보는 훈련이 큰 도움이 된다.

선행학습은 바람직한 것은 아니다. 하지만 중학교 시절, 그것도 중학교 3학년 시절의 선행학습은 반드시 필요하다. 중학교 3학년이 되면 아이의 나이는 열다섯 살이다. 열다섯 살이 된 학생은 폭넓은 지식과 정보를 수용할 수 있는 정신적, 육체적 능력을 보유하고 있다. 그래서 그때가 되면 학생들은 많은 양의 과제가 주어져도 능동적으로 수행할 수 있다. 엄마는 유치원 시절부터 이러한 과제로 아이들을 지치게 하지 말아야 한다. 학생들에게 중3 시절이 중요하다고 아무리 외쳐봐야 소용이 없다. 그들은 유치원 시절부터 "지금이 가장 중요하다"라는 말을 들어왔다. 정작 내적 동기를 가지고 자유의지로 학습을 해야 할 시기에 아이들이 지쳐 있을 수 있다. 그들에게 공부는 일상생활이었다. 그래서 그들에게는 집중할 의지도 없고, 내적 동기도 없다. 아이들은 10년이 넘게 공부만 하면서 살아왔다. 이제 그들은 더 이상 공부노동자로 살고 싶은 생각이 없다.

선행학습이 필요한 시점이 있다. 필요한 시기에 집중해서 학습할 수 있도록 엄마는 아이가 어려서부터 깊은 배려를 해야 한다. 교육과 학습에는 순서와 시기가 중요하다. 무엇이든 먼저 한다고 경쟁에서 이기는 것이 아니다.

# 학원이 해야 하는 역할

정부는 오래전부터 학원 죽이기 정책을 추진해왔다. 그러나 학원도 엄연한 교육기관이다. 학원은 대한민국의 교육에 상당한 기여를 해왔다. 최근에 본말이 전도되어 학원이 학교 교육을 대체하는 잘못된 방향으로 바뀌고 있는 것이 문제일 뿐이다. 1970년대 학원은 사회에서 중요한 역할을 수행했다. 학원이 대학에 합격하지 못한 학생들을 모아서 국가를 대신해서 교육을 했다. 우리는 학원이 기여한 그 공로를 인정해야 한다. 만약 그 시절에 학원이 존재하지 않았다면 국가가 그 학생들을 교육해야 했을 것이다. 그런데 학원이라는 교육기관이 그들을 돌봐주었다. 학원이 젊은이들을 모아서 수준 높은 교육을 했다. 국가는 그 당시의 학원에 감사패라도 주어야 했다. 학원의 순기능을 무시하고 사교육이라는 명

목하에 정부가 무조건 학원 죽이기에 나서지는 말아야 한다. 한국 사회에서 학원의 역할이 과소평가될 이유도 없다. 문제는 변질되고, 왜곡된 학원들에 있다. 학부모들에게 불안감을 조성하여 선행교육, 조기교육을 시키고 학교 교육을 대체하려는 학원을 문제 삼아야 한다.

지금도 학원이 우리 사회에 기여할 수 있는 일이 쌓여 있다. 학원이 정상적인 학교 교육 수준을 벗어나는 학생들을 교육할 수 있다. 학교는 80-90% 정도의 학생들을 만족시키는 교육을 할 수밖에 없다. 학교에서 상위 5%의 학생을 위해 90%의 학생이 희생될 수는 없다. 그리고 학교에서 하위 5%를 위해 나머지 90%의 학생들에게 낮은 수준의 교육을 할 수도 없다. 모든 학생의 하향평준화를 초래하는 교육이 가장 나쁜 교육이다. 상위 5%와 하위 5%의 학생들을 학교에서 교육하기 위해서는 막대한 예산이 소요된다. 현실적으로 국가가 이에 대응하기도 쉽지 않다. 핀란드와 같이 교육이 안정되어 있고, 그러한 학생들을 위한 교육에도 전문성이 확보되어 있다면 가능하다. 그러나 아직 우리 교육은 거기까지 준비를 갖추지 못했다. 장기적으로 이들도 학교 교육의 울타리 안으로 끌어들여야 하지만 현 상황에서는 그렇게 하기가 어렵다.

학원은 수요자 중심의 교육이 가능한 곳이다. 학원에서는 학부모가 비용을 지불하기 때문에 시장경제의 원칙이 통할 수 있다. 자녀를 학원에 보내는 학부모는 비용을 지불하는 대가로 정당하게 내 자녀에게 필요한 교육을 요구할 수 있다. 학원에 입시를 위한 교육을 요구할 수도 있고 학교에서 배울 수 없는 고급 수준의 영어 교육을 요구할 수도 있다. 그리고 피아노, 바이올린, 기타를 가르쳐달라고 요구할 수도 있다. 이것은 수요와 공급의 원칙이고 시장경제의 원리에도 맞는다. 학원의 역기능에만 초점을 맞추어서 학원과의 전쟁을 선포할 이유가 없다. 학원도 국가가 인정한 교육기관이다. 학원의 순기능을 활용해서 학교 교육의 부족한 면을 채울 수 있는 정책 수립이 바람직하다. 하위 5%의 학생을 배려하는 학원 정책을 수립하는 것이 우리 사회에서는 절실하게 필요하다. 상위 5%의 학생은 스스로 학습을 주도해나갈 수 있다. 하위 5%의 학생에게는 일반적으로 그러한 능력이 없다. 이들이 낙오자가 되는 것을 막을 수 있는 정책이 필요하다. 그 대안이 학원이 될 수 있다. 학교에서 이들을 돌볼 수 없다면 학원에 자금을 지원해서라도 하위 5% 학생들의 낙오를 막아야 한다. 학교에서 모든 것을 책임질 수 없다. 공교육과 사교육은 상호 보완적인 기능을 수행할 수 있다. 그렇지만 목표는 하나로 수렴되어야 한다. 아이들이 행복해야 교육이다.

# 아이가 공부에 관심을 보이다

우리 아이는 중학교 1학년 2학기 중간고사 때에 갑자기 공부에 관심을 표했다. 아이는 심각한 표정으로 나에게 대화를 하자고 제안을 했다. 집에서 이야기하자고 했지만 아이는 나를 끌고 아파트 등나무 밑의 벤치로 갔다. 주저주저하다가 아이가 꺼낸 말은 뜻밖이었다.

"아빠! 아빠는 시험 잘 보는 방법 알고 있지?"
"응? 뭐 열심히 공부하면 되는 것 아닐까?"
"그런 것 말고. 시험 잘 보려면 어떻게 공부해야 하는데?"

나는 순간적으로 매우 놀랐다. 아이는 그때까지 한 번도 공부를 하겠다는 말을 해본 적이 없었던 것이다. 나는 아이에게 공부하라고 야단을 친 적도 없었다. 그런데 공부에 대해서 그렇게 진지하게 질문을 하니 당황할 수밖에. 나는 아이가 갑자기 실성했는지 의심할 정도였다. 나는 사태를 인지하고 진지하게 아이에게 질문을 했다.

"왜 시험을 잘 보고 싶은데? 혹시 엄마한테 꾸중을 들었니?"

"아니. 그냥. 나도 시험을 잘 보고 싶어서."

"그게 그렇게 쉽지 않을 텐데. 엄마가 뭐라고 해서 그러면 내가 엄마한테 잘 이야기해줄게."

"아니. 그런 것은 아니고. 아빠는 공부를 30년이나 했으니까 공부 방법을 잘 알고 있지 않아?"

나는 기특하기도 하고, 한편으로는 고맙기도 해서 공부 요령을 알려주고 싶었다. 시험 공부에 특별한 요령이 있는 것은 아니다. 그래도 암기 과목을 공부할 때 내가 늘 쓰던 방법을 아이에게 알려줄 수 있었다. 그렇지만 이내 생각을 바꾸었다.

"시험 잘 보는 요령이 있기는 하지. 그런데 아빠가 30년 걸려서 쌓은 노하우를 공짜로 가르쳐달라고?"

"뭐야 아빠. 그럼 내가 음료수 살게."

"야! 음료수 하나로 해결이 되니?"

그렇게 대화는 끝나고 말았다. 아이는 기대를 가지고 나를 찾았지만 아무것도 얻지 못하고 돌아서야 했다. 그 대화를 끝내면서 내가 한 마지막 말이었다.

"나중에 네가 준비가 되면 알려줄게."

이 말은 아이가 아직 준비를 하지 않았음을 넌지시 알려준 메시지였다. 아이는 처음으로 시험을 일주일 앞두고 방에서 공부를 했다. 새벽 3시가 넘도록 책을 보는 일도 있었다. 나는 왜 그 당시에 아이에게 답을 해주지 않았을까? 아이가 공부를 하겠다고 나서면 덩실덩실 춤이라도 추면서 도움을 주어야 하지 않을까? 일반적으로 부모는 아이가 그런 말을 하기 전에 먼저 나서서 아이를 가르친다. "이것은 이렇게, 저것은 저렇게" 공부를 해보라고 알려주는 것이 부모들의 보편적인 생각이다. 그런데 나는 기다리기로 했다. 언젠가 아이가 정말로 절실하게 느끼고, 확고한 의지를 보일 때 내 요령을 전달해주기로.

아이는 중간고사를 대비해서 열심히 공부를 했다. 그런대로 성적도 향상되었을 것이다. 아이는 시험이 끝나고 내게 전화를 해서 무슨 과목인가 100점을 맞았다며 상기된 목소리로 자랑을 했다. 아이는 그때 처음으로 중학교에서 100점을 받았을 것이다. 나는 무조건 잘했다고 했다. 다른 과목에 대해서는 묻지 않았다. 아이가 시험을 잘 보았으면 스스로 이야기를 했을 것이다. 다른 과목에 대한 언급이 없다는 것은 뻔한 일이었다. 굳이 다른 과목은 몇 점 맞았냐고 질문을 해서 처음으로 100점을 받은 아이의 기분을 망칠 이유가 없었다. 그리고 그 질문으로 아이를 우울하게 만들 이유도 없었다. 다른 과목은 나중에 100점을 맞으면 된다. 처음으로 100점을 받고 전화를 한 아이에게 칭찬 외에 다른 것은 필요가 없다. 그때 이후로 아이는 시험을 보고 나면 늘 나에게 전화하는 버릇이 생겼다. 100점을 맞았을 때만 전화를 했다. 전화가 없으면 100점 받은 과목이 없다는 것이다. 굳이 시험 점수를 물어볼 필요가 없었다.

1년이 지난 후에 나는 아이에게 암기 과목의 시험 공부 요령을 가르쳐주었다. 시험 공부에 특별한 방법은 없다. 교과서 읽어보고 문제집 하나 풀어보는 것 말고 또 무슨 방법이 있을까? 나는 문제집은 반드시 한 권만 공부할 것을 권했다. 여러 권의 책을 보지 말고 한 권의 참고서를 보라고 했다. 그리고 나는 장시간 공부하지 말고 집중해서 빠른 시간에 끝내라고 말을 해주었다. 그때 이후로 우리 아이도 드디어 반에서 상위권에 들기 시작했다.

# 공부는 대학에서 시작이다

아이가 대학생이 되고 나서 나는 아이의 생활과 학습 방법에 잔소리를 많이 했다. 미리 예정된 동아리 캠프나 MT를 제외하고 아이가 밖에서 잠자고 들어오는 것을 허용하지 않았다. 새벽 5시가 되어도 집에 꼭 들어오라고 했다. 대학생이 되었을 때 나는 처음으로 아이에게 공부하라는 말을 했다. 중·고등학교의 성적은 대학에 들어가면 그것으로 끝이다. 대학의 학점은 취직, 유학, 대학원 진학에 이르기까지 계속해서 아이의 삶에 영향을 미친다. 대학생이 된 아이는 나에게 종종 불만을 토로한 적이 있다. 아이는 다른 친구들의 자유로운 생활을 보면서 자기만 생활에 제약을 받는다고 불평을 했다. 나의 대답은 간단하고 명료했다. "너는 중·고등학교 시절에 공부에서든 생활에서든 아빠로부터 제약을 받은 적이 없다. 대신 선생님이 그 역할을 해주었지. 대학에는 그러한 선생님이 없다. 이제 그 역할을 할 사람은 아빠밖에 없다." 대학에서는 중·고등학교의 교사가 하는 것처럼 학생을 돌보지 않는다. 아직 완전한 성인이 아님에도 불구하고 우리 사회에서는 대학생을 거의 방임 상태로 방치한다. 나는 부모가 초등학생보다 대학생에게 더 많은 관심을 가져야 한다고 생각한다. 대학생에게는 부모가 공부하라고 잔소리를 할 수도 있다. 그들에게 입시, 성적과 같은 스트레스는 없다. 대학생은 외국의 대학생들과 경쟁을 해야 한다. 대학은 노는 곳이 아니다. 물론 취직을 위한 '스펙'을 쌓는 곳도 아니다. 대학생은 열정을 가지고 공부에 몰두해보아야 한다. 대학생의 학문과 생활에 대한 태도 변화가 필요하다. 초등학생도 13시간을 공부하는 아이가 있다. 학교와 학원 수업을 합치면 최소한 8시간을 공부한다. 그런데 하루에 8시간 이상 공부하는 대학생이 얼마나 될까?

이제 아이의 삶에서 내가 떠날 때가 다가오고 있다. 아이는 대학을 2년 넘게 다녔다. 군에서 제대를 하면 완전한 성인이다. 생활, 학문에 있어서도 본인이 알아서 할 시기이다. 부모의 울타리에서 벗어나서 자기의 삶을 혼자서 책임질 나이이다. 결혼을 하면서 나는 내 인생의 절반을 가정을 위해 내놓았다. 아이가 태어났을 때 내 인생의 25%를 아이를 위해서 내놓았다. 이제 아이를 위해 내놓았던 내 인생의 25%를 찾아올 때가 되었다. 아이 교육은 끝났다. 이제 엄마도 아이에게서 떠날 때가 되었다. 아이가 살아가는 모습을 지켜볼 시간이다. 언제나 아이에게 엄마가 되어준 아내에게 감사한다.

07

# 아버지도 부모다

# 엄마와 아빠의 역할이 다르다

우리 아이는 초등학교 시절부터 학교에 가는 것을 무척 좋아했다. 아이는 일찍부터 일어나서 빨리 밥 달라고 보채기까지 했다. 초등학교 3, 4학년 때는 남들보다 1시간 일찍 학교에 갔다. 일찍 학교에 갈 필요가 없다고 말렸지만 막무가내였다. 자기는 학교에 가는 것이 너무나 즐겁고 행복하다고 했다. 그 버릇은 대학에 가서도 이어졌다. 나는 아이가 아프다고 하면 학교에 가지 말라고 했다. 매일 가는 학교인데 하루나 이틀 정도는 빠져도 된다고 했다. 엄마가 아플 때도 아이에게 학교에 가지 말고 엄마의 시중을 좀 들라고 했다. 비가 많이 와도 학교에 가지 말라고 했다. 작은 이유만 있어도 학교에 가지 말고 쉬라고 했다. 그런데도 아이는 학교를 빠진 적이 거의 없다. 아이는 집에 있는 것보다 친구들이 있는 학교에 가는 것을 더 좋아했다.

고등학교 때는 학교에 일찍 가는 일은 없었다. 겨우 시간에 맞추어 등교했다. 가끔 지각을 해서 토끼뜀을 뛰었다고도 했다. 벌을 받느라 땀 냄새가 밴 교복을 벗어 던지는 일도 종종 있었다. 그때마다 지각한 학생들을 잡아서 벌을 준 선생님이 고마웠다. 만약 학교에서 그러한 조치를 하지 않았다면 매일 아침 엄마와 아이가 기상 전쟁을 하지 않았을까? 고등학생 아이와 엄마가 아침에 일어나는 일로 큰소리를 내기 시작하면 대책이 없다. 아침에 일어나서 학교에 가는 것은 아이의 일이다. 엄마는 학교에 늦지 않게 밥을 해주는 것으로 임무가 끝난다. 그 다음의 일은 아이가 책임질 일이다. 부모가 떠안아야 할 이유가 없다. 그런데 아이가 매일 지각을 한다면 어떻게 바로잡을 수 있을까? 그런데 그 일을 학교에서 대신 해준 것이다. 아이가 집에 와서 불만을 토로하긴 했다.

"오늘 지각했다고 30분이나 토끼뜀을 뛰었어."

"오늘 딱 1분 늦었는데 팔굽혀펴기를 50개나 하느라고 죽는 줄 알았어."

나는 그때마다 이렇게 응수를 했다.

"야! 그 선생님이 누구니? 내일부터는 오리걸음도 시키라고 전화 좀 하게."

"기왕이면 팔굽혀펴기 100개로 늘리면 체력 단련도 되고 좋을 텐데."

"연속해서 2일 지각하면 추가로 받는 '얼차려' 없니?"

아이는 학교에서 있었던 일에 대해서 주로 엄마와 대화를 나누었다. 초등학교 시절부터 그랬다. 아빠는 학교에서 일어났던 일에 대해서 세세하게 알 필요가 없다. 그러한 이야기는 엄마와 할 대화이다.

"오늘 친구하고 싸웠어. 다른 애들이 한 아이를 놀려서 말리다가."

"점심 시간에 뭇국이 나왔는데 맛이 없었어."

"수업 시간에 애들하고 장난치다가 선생님한테 혼났어."

아내는 대화를 통해서 아이의 학교생활을 파악했다.

나는 아이와 학교생활에 대해서 대화를 많이 하지 못했다. 매일 대화할 시간도 없었다. 아이의 생활에 대한 파악은 엄마 몫이었다. 아이의 공부와 학습에 대한 책임은 내 몫이었다. 아이와 나의 대화는 수업이 중심이었다.

"오늘 학교에서 뭘 배웠는지 첫 시간부터 말해볼래?"

"분수가 이해가 잘 안 돼서 선생님께 다시 설명을 해달라고 했는데 아직도 잘 모르겠어."

때로는 아이가 무엇을 배웠는지 기억하지 못하는 경우도 있었다.

"너 그 시간에 졸았지?"

"점심 시간에 농구를 했더니 피곤해서 잤어."

"그런데 그 수업은 들어도 재미가 없어."

"그 선생님 수업은 열심히 들어도 무엇을 했는지 기억이 나지 않아."

이러한 대화는 아이가 충실하게 학교 수업을 듣게 하는 방법이다. 아이는 아빠와 언제 대화를 할지 알 수 없다. 아빠는 불쑥 질문을 한다. 일년에 대여섯 번은 꼭 이러한 대화를 했다. 하지만 학교에서 배운 내용을 복습하게 하는 일은 없었다. 깊이 파고들어서 진짜로 아이가 내용을 알고 있는지 되물은 적도 없었다. 아이가 수업 시간에 딴짓하지 않고 열심히 들으면 된다. 아이에게 배운 내용을 기억하고 있는지 따지기 시작하면 아이는 대화를 하려 하지 않는다. 부모는 아이의 말을 들어주는 사람이다. 아이가 피곤해서 수업 시간에 잠을 잘 수도 있다. 재미없는 수업이라서 집중하지 않을 수도 있다.

"야! 농구는 수업 끝나고 하지 왜 점심 시간에 하니? 여유도 있고 좋지 않니?"

"수업 재미없으면 그냥 잠이나 자지 그랬니?"

"야! 그 시간에 소설이나 읽어라."

아이들은 솔직하다. 그들이 말하는 내용을 부모는 그대로 수용해줄 필요가 있다. 아이가 어떤 수업이 재미없다고 불평을 할 수 있다. 우리 아이만 그렇게 생각하고, 다른 아이들은 재미있어 할 수도 있다. 선생님이 모든 학생이 만족하는 수업을 할 수는 없다. 그럴 때 교장선생님에게 전화를 한다고 그것이 달라지지는 않는다. 나에게도 중학교, 고등학교 시절 재미없었던 수업이 있다. 나는 선생님이 돌아서서 칠판 한가득 필기하는 수업을 싫어했다. 필기하는 수업을 싫어했던 것은 나의 문제였다. 다른 친구들은 열심히 필기를 하면서 그 수업을 좋아했다.

# 나는 너를 믿는다

내가 아이를 키우면서 가장 많이 한 말이 "나는 너를 믿는다"이다. 아이가 대학에 들어가고 나서 나는 아이와 소주를 마시면서 대화를 나누었다. 아이에게 대학에 갈 때까지 가장 좋았던 것이 무엇이었느냐고 물었다. 아이는 "너를 믿는다"라는 아버지의 말이 힘들 때 큰 힘이 되었다고 했다. 그런데 한편으로 부담스러웠다는 얘기도 털어놓았다. 아이는 그 말을 들을 때마다 고맙기도 했지만, 무슨 일을 하든 믿어주는 아버지의 기대에 부응하기 위해 나름대로 정신적인 스트레스를 받았다고 했다. 그렇지만 아이는 아버지의 '믿는다'라는 말이 빈말이 아니라, 진심에서 우러나오는 것임을 알고 있었다고 했다. 아이들은 믿어주는 부모를 가장 좋아한다. 아이들이 부모의 욕심을 채워줄 수는 없다. 그렇지만 아이들도 부모의 기대에 부응하기 위해 무진 애를 쓴다. 그렇게 애쓰고 있는 아이들에게 부모의 믿음은 엄청난 힘이 된다. 지금 당장 눈앞에 보이는 것에 대한 믿음이 아니다. 먼 미래에 일어날 일에 대한 믿음이다.

"그래! 언젠가는 너는 그것을 할 수 있어."

"지금은 잘 못하지만 나중에 잘할 수 있어. 그때까지 기다려 볼 테니 한번 해봐."

"나는 너를 믿어. 그런데 지금 꼭 할 필요는 없어."

아이에 대한 믿음은 결과에 대한 기대가 아니다. 다음은 《학교란 무엇인가?》(2011)에서 자녀에 대한 부모의 믿음을 비판적으로 분석하기 위해 제시한 내용이다.

"그래 그동안 열심히 공부를 했으니 오늘 시험은 잘 볼 거야."

"학원에서 문제도 풀었고, 혼자서 복습도 했으니 이번 시험은 100점을 받을 거야."

《학교란 무엇인가?》에서는 위와 같은 말은 믿음을 표현한 것이 아니라고 분석하고 있다. 맞는 분석이다. 위와 같은 말은 믿음이 아니라 아이에게 100점을 받으라고 강요하고 협박하는 것이다. 믿음은 어떤 의미에서든 조건이 붙지 않는다. 오늘 아이가 할 일에 대한 믿음은 믿음이 아니라 부모의 기대이다. 믿음은 정해진 결과에 대한 예상이 아니다. 아이에 대한 믿음은 아이가 올바른 길을 갈 것이라는 부모의 확신이다. 믿음에는 성적이나 능력이 포함되지 않는다. 오늘, 아니면 1년 내에 일어날 결과를 바라는 것은 믿음이 아니다.

# 부모를 이기면 한 차원 달라진다

아이들에게 부모는 완벽해 보이는 사람들이다. 우리 사회에는 아직 유교적 가치관이 남아 있다. 한국 사회는 수직적인 특성을 지니고 있다. 윗사람과 아랫사람이 있고, 상급자와 하급자가 있다. 한국어에는 존댓말이 있다. 세계의 언어 중에 한국어처럼 복잡한 존칭이 사용되는 언어가 없다. 언어는 그 사회의 문화를 반영한다. 한국에서는 연장자가 존중된다. 아이들은 부모에게 복종하고, 부모를 존경한다. 퇴색되어가고 있지만 자식은 부모에게 효도를 한다. 이것이 한국 사회 발전의 원동력이 될 수도 있다. 동시에 이러한 한국 사회의 특성으로 인해 가정이 아이들에게 가장 숨막히는 장소가 될 수도 있다. 특히 완벽한 부모는 아이에게 커다란 부담을 줄 수 있다. 아이에게 부모는 존재 자체로 권위 있는 인물로 비쳐

진다. 부모의 학력, 지위, 완벽함이 그 권위를 부풀릴 수 있다. 그래서 부모는 자기들의 부족한 점을 아이에게 보여줄 필요가 있다. 부모는 아이에게 완벽해 보일 필요가 없다.

아이는 부모를 이기면 한 차원 성장한다. 아들이 아빠를 이기면 그것은 한 단계 성장한 것을 의미한다. 초등학교에 다니는 아이는 아빠와 게임을 하면 이긴다. 그 전에는 아빠를 이겨본 적이 없다. 아이는 거기에서 자신감을 얻을 수 있다. 아이에게 부모를 이기는 것은 세상을 이기는 것이다. 세상에서 가장 커 보였던 사람을 아이가 이긴 것이다. 아이에게는 가장 위대한 사람으로 비추어졌던 아버지를 넘어서는 경험이다. 아이에게 아빠와 엄마를 이길 수 있는 소중한 기회를 마련하자. 그러면 아이가 한 단계 성장한다.

부모는 아이가 자신들을 이길 수 있는 것이 무엇인지 찾아내야 한다. 나는 종종 아이 교육 문제로 다른 부모들로부터 상담 요청을 받는 일이 있다. 한 엄마가 아이와 아버지의 관계에 대해 고민을 털어놓았다. 아버지와 아들이 대화는 고사하고 서로 눈도 마주치려 하지 않는다고 했다. 그 엄마는 남편과 아이가 같이 집에 있으면 항상 긴장을 해야 한다고 했다. 어떤 일이 벌어질지 예측을 못 하기 때문이었다. 나는 엄마에게 두 사람에게 팔씨름을 시켜보라고 조언을 했다. 팔씨름을 하기 위해서 아버지와 아들은 서로 손을 잡아야 한다. 그들은 초등학교 운동회 때를 제외하고 손을 잡아본 기억이 없다. 팔씨름은 아버지와 아들의 관계를 회복시키는 단초가 될 수 있다. 중학생이 된 아들은 대부분 팔씨름에서 아버지를 이긴다. 아들이 육체적으로 아버지를 이겼다는 사실은 의미가 크다. 아버지도 이겼는데 내가 무엇이든 할 수 있지 않을까? 아이는 많은 것을 느낄 수 있다. 항상 강하게만 보였던 아버지를 자기가 돌봐야 한다고 느낄 수도 있다.

아이들에게 부모는 이미 강한 사람들로 각인되어 있다. 부모는 더 강한 모습을 아이에게 보여주려고 노력하지 않아야 한다. 아이들은 부모를 실제보다 더 강한 사람으로 인식하고 있다. 아이들은 부모에 대한 환상을 깨야 한다. 아이가 부모를 돌볼 수 있는 기회가 있을까? 함께 산에 가면 아이가 고갯마루에서 힘겨워하는 엄마의 손을 잡아준다. 함께 달리기를 하면 아이가 숨을 헐떡이는 아버지를 위해 속도를 조절한다. 아이들에게 엄마, 아빠를 돌볼 수 있는 장을 마련해보자. 부모를 이겨가면서 아이들은 성장한다. 그들에게는 부모를 이길 수 있는 기회가 필요하다.

# 아이와 대학으로 소풍을 가라

우리 아이는 두 살이 갓 넘었을 때 대학 구경을 했다. 나는 아이를 서울대학교에 데리고 가서 강의실을 보여주었다. 그리고 한참 동안 같이 놀다 왔다. 핀란드에서도 아이를 옆에 앉혀놓고 수업을 받은 적이 있다. 아이에게 학교 구경도 시켜주고 아버지가 어떤 사람들하고 공부를 하고 있는지 보여주고 싶었다. 수업 시간 내내 아이가 부산을 떨어서 혼이 났지만 뒷자리에 앉아서 무사히 마칠 수 있었다. 학교 식당에서 밥도 사주고 도서관에도 들렀다. 아이가 거기에서 무엇을 얻었는지는 모른다. 다만 아빠가 매일 다니는 학교를 아이에게 보여주는 것이 중요해 보였다.

한국에 돌아와서도 나는 강의를 나가는 대학교에 아이를 데리고 갔다. 체육대회와 같은 특별한 행사가 있을 때 아이를 친구들과 함께 대학에 데리고 간 것이다. 아이는 운동장에서 대학생들과 축구도 하고 공을 받기도 했다. 특별한 의도가 있었던 것은 아니다. 미래에 아이가 대학을 갈 수도 있다는 생각에 미리 학교를 구경시켜주었을 뿐이다. 아이가 중학생이었을 때 우리는 수도권으로 이사를 했고, 나는 아이와 함께 서울에 있는 대학을 한 번씩 둘러보았다. 우리는 대학에 가면 함께 운동장에서 농구도 하고 식당에서 밥도 먹었다. 특히 대학생들이 열심히 공부하는 도서관에 가는 것은 빠지지 않는 코스였다. 나는 아이가 그들을 보면서 무엇인가 느낄 것이라고 생각했다. 자기도 이 자리에서 공부를 할 수도 있다는 꿈을 키워주고 싶었다.

우리는 당장 눈앞에 닥친 공부가 중요하다고 생각한다. 하루라도 학원을 보내지 않으면 큰일이 나는 것처럼 야단이다. 엄마는 공부 열심히 해서 대학에 가라고 한다. 하지만 아이는 그 대학이 어디에 있는지, 어떻게 생겼는지 모른다. 대학에 대한 구체적인 모습이 아이의 머릿속에는 없다. 대학에 아이를 보내고 싶으면 어린 시절부터 함께 대학에 가보자. 그렇게 해야 아이에게 구체적인 목표가 생겨난다. 그렇지 않으면 아이에게 대학은 상상의 세계로 존재할 뿐이다. 아이들은 구체적인 그림이 없는 추상명사인 '대학'이라는 곳에 가기 위해서 공부만 하고 있다. 학원이 아니라 대학을 둘러보자.

우리 아이는 중학교를 졸업하고 일반 고등학교에 입학을 하게 되었다. 고등학교의 평준화가 30년 이상 되었지만, 일반계 고등학교 간에도 더 나은 학교가 있다는 소문이 무성했다. 나는 아내와 상의를 해서 지역에서 대학에 들어가는 통계 자료, 통학 거리와 교통수단 등을 고려해서 1, 2, 3순위 학교를 아이에게 추천을 했다. 그런데 아이는 뜻밖에도 다른 학교에 가겠다는 의견을 냈다. 나는 순간적으로 아이의 의견을 듣지 않고 일방적으로 학교를 추천한 것을 후회했다. 대화가 오갔던 주말에 우리는 온 가족이 지역의 모든 고등학교를 둘러보기로 했다. 아침부터 시작해서 학교를 하나씩 방문했다. 학교의 숙직 교사를 만나서 사정을 설명하고 학교 소개를 해달라고 부탁을 했다. 교사들은 모두 친절하게 학교 구경을 할 수 있게 배려를 해주었다. 30분씩이나 되는 시간을 할애해서 자기 학교 홍보를 하는 교사도 있었다. 물론 시큰둥한 반응을 보인 교사도 있다. 우리는 교실 내 시설, 화장실, 주변 환경을 볼 수 있었다.

하루 종일 지역의 학교를 방문하고 난 뒤 집에 돌아가자 토의가 시작되었다. 어느 학교가 가장 적합할지에 대한 토의였다. 어느 학교는 시설과 명성은 좋지만 통학 교통수단이 마땅하지 않았다. 어떤 학교는 걸어서 갈 수도 있는 최적의 통학 환경을 제공했지만 지역에서 평판이 좋지 않았다. 그렇게 각 학교의 장점과 단점을 점검하고 있는데, 아이가 자기가 가고 싶은 학교를 지목했다. 그 이유는 아주 단순했다. 그 학교 건물이 멋있고, 그 학교의 교복이 자기 세대의 스타일과 맞아서 좋다고 했다. 그리고 결정적인 이유는 그 학교의 실내 농구장이 마음에 든다고 했다. 아이가 선호하는 학교의 장점은 대학 입학과는 전혀 상관이 없었다. 하지만 나는 과감한 결정을 했다. 아이가 다니고 싶은 학교가 가장 좋은 학교이다. 아이의 고등학교 선택은 그렇게 이루어졌고, 아이는 3년간 정말로 즐겁게 학교를 다녔다.

위의 내용은 고등학교 입학을 앞둔 자녀의 부모들이 일반적으로 겪는 과정이다. 그런데 내가 학교를 방문했을 때 숙직 교사가 혼잣말처럼 했던 말이 기억난다. 자기가 교직 생활을 20년 하는 동안 고등학교에 입학할 학생을 데리고 학교를 방문해서 교실, 화장실, 체육관, 음악실 등을 보여달라는 부모는 처음 보았다고. 그 교사는 그러한 광경을 처음 보았는지 모르지만 나는 많은 부모들이 학생을 데리고 학교를 방문했을 것이라고 믿고 싶다. 우리가 학교를 방문한 것은 주말이었다. 다른 부모들은 평일에 방문해서 더 세심하게 학교를 둘러보았을 것이라고 믿고 싶다. 그런데 정말 그럴까?

# 아버지도
# 부모다

언제부터인가 자식 교육에 아버지가 나서는 일이 줄어들고 있다. 인터넷에는 이 시대의 아버지에 대한 풍자의 목소리가 나돌아다닌다. 세간에 화제가 된 바 있는 어느 초등학교 2학년 어린이가 쓴 동시이다.

> "엄마가 있어 좋다. 나를 예뻐해주셔서.
> 냉장고가 있어 좋다. 나에게 먹을 것을 주어서.
> 강아지가 있어 좋다. 나랑 놀아주어서.
> 아빠는 왜 있는지 모르겠다."

이것이 오늘날 아버지가 가정에서 차지하는 지위이다. 이 풍자는 거짓을 말하는 게 아니라 상당한 정도로 현실을 반영하고 있다. 거기에 심각성이 있다. 아버지는 직장에 다니면서 가계를 책임진다. 아침부터 저녁까지 직장에서 일을 한다. 그것도 부족하여 밤 늦게까지 손님을 접대하는 일도 있다. 사람들과의 사회적 관계를 유지하기 위해 술자리에도 가야 한다. 주말에는 지쳐서 하루 종일 잠을 자거나 TV 앞에서 시간을 보낸다. 실제로 주말에 집에서 집안일을 돌보거나 아이들과 시간을 보내는 일이 아버지에게는 부담이다. 이것이 이 시대의 아버지가 처한 상황이다. 아이들과 아버지가 마주하는 일은 쉽지 않다. 아버지가 귀가할 시간이면 아이들은 잠들어 있다. 아버지의 출근 시간과 아이들의 등교 시간이 서로 다르면 서로 잠자는 모습만 볼 수 있을 뿐이다. 아버지가 일찍 퇴근을 해도 집에 아이들이 없다. 아이들은 학원에 가서 밤 11시가 넘어서야 집에 돌아온다. 지친 아이들은 아버지와 대화할 시간이 없다. 아이들은 잠을 자거나 아니면 방으로 들어가서 공부를 한다. 이렇게 아버지와 아이들은 단절되어 있다. 그래서 서로를 파악할 기회가 없다.

그런데 정말로 아버지는 시간이 없을까? 아이 교육에 신경을 쓰지 못할 정도로 피곤할까? 아니다. 아버지가 자녀 교육을 기피하고 있다. 이것이 맞는 표현이다. 내가 아버지들과 나눈 대화 내용이다.

"애들 교육은 어떻게 시키고 있어?"

"나는 잘 몰라. 집사람이 학원도 알아보고, 과외 선생도 알아보고."

"애들을 그렇게 학원에만 보내는 것이 옳다고 생각해?"

"아니야. 나는 그렇게 생각하지 않아. 집사람에게도 그렇게 하지 말라고 이야기를 하지만 막무가내야."

"그래도 애들 교육인데 같이 상의를 해야 하는 것 아닌가?"

"그러다가 집안 파탄날 일 있어? 몇 번 교육 문제로 다툰 적도 있지만 이제 포기했어. 내가 할 일은 그저 좋은 학원 보낼 수 있게 돈 벌어다 주면 되지. 집사람이 알아서 하겠지. 나는 가끔 애들 학원 갈 때 태워주면 돼."

"그래도 아이가 힘들어하면 자네가 나서서 뭔가 조치를 해야 하는 것 아냐?"

"내가 할 수 있는 일이 없어. 애들하고 대화할 시간도 없고. 애들도 나하고 대화를 피하는 것 같아. 그런데 굳이 나설 이유가 없지. 그냥 애들 엄마가 하는 대로 내버려두려고. 내가 강력하게 주장했다가 나중에 혹시 잘못되면 그 책임을 내가 져야 하는데."

이것이 직장인 아버지들의 통상적인 태도이다. 세상이 변했다. 예전에는 아버지가 엄격하게 아이들을 교육했다. 엄마는 아이들을 달래주었다. 이것이 한국 교육의 본래 모습이었다. 어쩌면 엄마가 엄마로 돌아갈 수 없는 빌미는 아버지가 제공하고 있는지도 모른다. 아버지는 어떠한 이유로든 교육에 나서지 않는다. 엄마가 예전에 아버지가 했던 역할을 대신하고 있다. 그래서 진짜 엄마가 사라지고 있다. 아버지들이 밥을 먹다가 아이에게 묻는다.

> "이번 중간고사 몇 등 했니? 그렇게 학원에 다니면서 성적이 그 모양이니? 엄마, 아빠가 너한테 돈을 벌어오라고 했니? 아니면 집안일을 하라고 했니? 너는 공부만 하면 되는데 그것도 못하니?"

아이들은 이 말을 들으면서 무슨 생각을 할까? 아버지는 나하고 할 말이 성적 얘기밖에 없을까? 학원에는 친구들도 다 다니는데 왜 나한테만 저러시지? 차라리 나도 공부하지 말고 돈을 벌라고 하면 더 좋을 텐데. 차라리 집에서 청소하고 엄마 일이나 도우면 안 되나?

# 아버지가 나서라

아버지가 자녀 교육에 무관심해도 되는 것일까? 아버지는 아이의 미래에 대한 책임에서 벗어날 수 있을까? 아이의 성적이나 묻고 더 열심히 하라고 다그치는 것이 아버지의 역할일까? 자녀 교육에 대한 의견을 왜 내지 않을까? 아이 교육에 관한 어떤 책임을 지는 일이 그렇게 두려울까? 그러면 왜 아이를 키우고 있을까? 왜 아이를 낳았을까?

한국의 아버지들 중에 야간 자습 감독을 나가본 사람이 몇 명이나 될까? 아이가 다니는 학원에 가서 학원 수업을 참관한 아버지는 얼마나 될까? 아이가 초등학교부터 고등학교를 다닐 때까지 담임 선생님과 면담을 해본 아버지는 몇 명이나 될까? 아버지들은 늘 핑계를 댄다. 일이 바빠서 아이에게 관심을 가질 만한 시간이 없다고 한다. 과연 사실일까? 직장인이 1년에 쓸 수 있는 연가는 적어도 10일, 많게는 20일이 넘는다. 그 연가는 모두 어디에 쓰고 학교에 한 번 찾아갈 수 없다고 할까? 연가가 없다면 회사에 거짓말을 하고 병가라도 내서 학교를 방문할 수도 있다. 직장인은 1년 내내 야근을 하지 않는다. 매일 술을 마시지 않는다. 직장인도 마음만 먹으면 1년에 한두 번 정도는 엄마를 대신해서 시간을 낼 수 있다. 야간 자습 하는 아이를 보기 위해 일부러 학교를 들러볼 수도 있다. 아버지가 불시에 학교에 들르는 일이 있으면 아이는 야간 자습 시간에 몰래 나가서 노래방에 가지 않는다. 자기 행동을 자제하게 된다. 감시가 아니라 서로에 대한 관심이다. 힘들고 바쁜 아버지가 공부하는 모습을 보러 학교에 가보는 것도 아이에게는 큰 힘이 된다.

사랑하는 우리의 아이들에게 생각할 시간, 자유로운 시간, 대화할 시간을 주어야 한다. 아이들에게도 때로 비가 내리는 운동장에서 온몸이 진흙투성이가 되도록 뛰어보는 추억도 있어야 하지 않을까? 그것도 아버지와 함께. 아이들은 망치질도 배워야 하고, 형광등 교체하는 것도 배워야 한다. 아빠, 엄마와 달리기를 하면서 거칠게 몰아쉬는 숨소리를 듣고 느껴보아야 한다. 실력은 없지만 거친 몸싸움을 해가며 농구공을 잡으려는 아버지를 보면서 아이들도 느끼는 것이 있다.

며칠 전에 아파트가 떠나갈 정도로 아이들이 고함치는 소리를 들었다. 초등학교 운동회가 벌어진 것이다. 나는 사진기를 들고 학교로 나갔다. 커다란 운동장에서 아이들이 모래주머니 던지기, 달리기를 하고 있었다. 그날만큼은 아이들의 표정이 밝았다. 참가한 엄마들의 행동과 얼굴도 어린 시절의 추억을 떠올리는 듯 해맑았다. 엄마들이 아이와 함께 뛰는 모습은 참으로 아름다웠다. 더 보기 좋은 광경이 펼쳐졌다. 아버지가 아이를 등에 둘러업고 결승선을 향해 힘있게 달리고 있었던 것이다. 등에 업힌 아이들이 아버지의 힘차게 달리는 모습을 보고 얼마나 좋아했을까? 아버지가 선생님도 등에 업고 달렸다. 아이들은 아버지의 힘을 보고 있었다. 아이들이 찾던 아버지들이 운동장에 있었다. 하지만 엄마의 숫자에 비하면 턱없이 부족했다. 대부분 초등학교 저학년 학생들의 아버지들이었다. 아쉬웠다. 고학년 학생들의 아버지들은 왜 오지 않았을까? 벌써 다 컸으니 이제 내가 갈 곳이 아니라고 생각하는 것일까? 중학교, 고등학교 교정에서도 아버지의 모습을 볼 수 있다면 얼마나 좋을까?

30, 40대의 부모들이 자녀 교육의 중심에 서 있다. 그들이 아이들을 학원이라는 지옥으로 몰아넣고 있다. 그들은 대한민국의 민주화를 이룩한 당사자들이다. 그들은 부모로부터 지금과 같은 교육을 받으면서 자란 세대가 아니다. 그들은 개인의 자유를 부르짖었다. 인간의 평등과 경제적 불평등 해소를 주장했다. 농민과 노

동자의 인권을 이야기했다. 그러면서 농촌 봉사 활동을 시작했고, 위장 취업을 해서 노동자들과 함께 동고동락했다. 자유와 평화를 누리면서 살 수 있는 사회를 만들기 위해 기꺼이 자신을 버리기도 했던 세대이다. 그들이 지금 아이들을 공부노동자로 만들고 있다. 이 기이한 현상을 어떻게 설명할 수 있을까? 그들에게 자녀 교육에 대한 질문을 하면 도저히 이해할 수 없는 대답만 돌아온다. "아이의 교육은 엄마에게 맡겼다. 나는 관여하지 않는다. 아니 자녀 교육에 관여할 수 없다."

아이에게는 엄마가 필요하다. 사라진 엄마를 찾아주려면 아버지가 나서야 한다. 아버지의 도움이 없다면 엄마가 엄마로 돌아갈 수 없다. 내 아이만 잘 자란다고 해서 아이들이 미래에 행복할 수는 없다. 함께 살아갈 동료들을 배려하는 아이들로 키워야 한다. 아버지, 엄마 그리고 아이가 함께 부딪히면서 동료에 대한 배려의 중요성을 깨칠 수 있다. 아빠가 배제된 집에서 엄마와 인생을 살아가는 아이들은 그것을 배울 수 없다. 엄마가 아이에게 타인을 배려하는 삶을 살라고 가르칠 수 없다. 이는 가정에서 시작되어야 한다. 그 중심에 아버지가 서 있다.

# 담임 선생님의 호출

아이는 친구들과 어울려 다니면서 재미있게 중학교 생활을 시작했다. 중학교에 들어가서 새로운 친구들도 사귀었다. 운동을 좋아하는 아이들이었다. 나는 아이의 친구들과 종종 운동을 했다. 그렇게 한 학기가 지나고 여름방학이 시작되었다. 아이는 여전히 공부에도 책에도 관심이 없었다. 걱정이 되기도 했다. 하지만 나는 믿음을 가지고 기다렸다. 아이가 방학 때 공부를 한 적은 거의 없었다. 방학이 끝나갈 무렵이면 숙제를 한다고 쩔쩔맸다. 나는 어차피 다 못 하니 그냥 가서 종아리 몇 대 맞으라고 했다. 아이는 내가 충고한 대로 혼나거나 몇 대 얻어맞거나 했을 것이다.

그러던 어느 날 담임 선생님의 호출이 있었다. 그때까지 아이를 키우면서 학교에 가본 적이 없었다. 아내도 초등학교 시절에 점심 배식에 참여한 것을 제외하고는 학교를 찾아간 적이 없다. 그래도 학년이 끝나고 봄방학을 하는 날이면 늘 장미 한 송이와 카드를 써서 선생님께 보내드렸다.

> "1년간 아이가 즐겁게 학교생활을 할 수 있게 도와주셔서 진심으로 감사드립니다. 아이는 선생님 덕분에 1년간 많은 성장을 하였습니다. 학기마다 보내주신 아이에 대한 평가는 집에서 교육을 하는 데 커다란 도움이 되었습니다."

학교와의 관계를 그렇게 유지해왔던 우리에게 선생님의 갑작스런 호출은 의외였다. 혹시 아이가 학교에서 큰 잘못을 했는지 궁금하기도 하고 불안하기도 했다. 내가 직접 선생님을 찾아갔다. 선생님은 우리가 자녀 교육에 관심이 없다고 부른 것이라고 했다. 고마운 선생님이었다. 선생님은 아이가 가능성이 크고 공부를 시키면 성과를 낼 수 있다고 말을 해주었다. 아이 교육을 방관하고 있는 우리 부부에게 충고를 하기 위한 호출이었다.

나는 아이를 제대로 교육하기 위해 고민을 많이 해왔다. 아이가 세 살이 되었을 때부터 아이 교육에 대한 장기 계획도 세웠다. 계획대로 안 될 때도 있었다. 그래도 기본 골격은 유지하면서 그 계획을 실천해왔다. 그래서 선생님의 말은 놀랍기도 하고 불쾌하기도 했다. 초등학교 시절에 받아쓰기 0점을 맞아도 학교에 불려 가지는 않았다. 다음은 담임 선생님과의 대화 내용이다.

"왜 제가 아이의 교육에 관심이 없다고 단정하시나요?"

"제가 보았을 때는 가능성이 있는 아이인데 왜 학원에도 안 보내십니까? 학원에 보내면 성적도 좋아지고 특목고에 갈 수 있는 아이인데."

"공부는 학교에서 선생님들이 가르치면 되는데 왜 학원에 보내라고 하세요? 그리고 우리 아이는 학원에 가는 것을 싫어하고 저도 싫어합니다. 그리고 그냥 일반 고등학교 가기로 했는데요. 아이가 어른이 되면, 공부 잘하는 친구 말고 다양한 분야에서 일하는 친구들이 있는 것이 좋을 것 같아서요. 그리고 전 과목 1등급을 받아야 특목고에 갈 수 있다고 하던데, 중학생 아이한테 너무 잔인한 것 아닌가요, 벌써부터 공부만 하라고 하면?"

"그래도 요즘은 특목고에 보내면 대학 진학에도 유리한데요. 똑똑한 아이들은 모두 특목고에 진학하기 위해서 준비를 하고 있는데요. 그리고 아버님은 아이 성적표를 보지 않는다면서요?"

"예. 집사람이 가끔 말을 해주기는 하는데 저는 관심이 없습니다. 그래도 수학을 몇 점 맞았는지는 알고 있는데요. 이번에 70점 맞았던데요."

"70점은 중간 정도도 안 되는 점수이고, 100점이 ○명, 95점 ○○명인데요."

"그래요? 그래도 우리 아이가 100점 맞은 애들보다 수학을 더 잘할 텐데요. 학원 다니면서 연습문제를 많이 풀어서 100점 받은 아이들보다, 혼자서 공부해서 70점 받은 것이 더 나은 것 아닌가요? 100점 받은 애들하고 주관식 문제로 한번 붙여볼까요? 그리고 다른 과목도 모두 번호 고르는 객관식 문제로 시험을 봐서 저는 관심이 없습니다. 혹시 논술형 문제로 시험을 보고 그에 대한 평가를 선생님들이 해준다면 아이가 쓴 글을 읽어볼 용의는 있습니다."

"그럼 앞으로도 학원에 안 보내실 건가요?"

"글쎄요, 아이가 가고 싶다고 하면 어쩔 수 없겠지만, 아마 그 시간에 놀고 싶어서 안 갈걸요. 학원 안 가는 대신 맛있는 것 사준다고 했거든요. 그냥 두세요. 나중에 잘할 겁니다. 고등학교에 가면 더 잘할 거구요."

선생님과 대화는 거의 1시간이 넘게 계속되었다. 대화를 하면서 선생님은 내가 아이에게 관심이 없는 것이 아니라 그 누구보다도 관심을 가지고 아이를 관찰하고 있음을 알게 되었다. 후에 들은 이야기이지만 이런 부모가 있다고 소문이 나서 내가 학교에서 화제가 되었다고 한다.

# 희망에는 끝이 없다

현재 시행되고 있는 교육제도 전체를 바꾸는 일은 하루아침에 이루어질 수 없다. 부모는 당장 부딪히고 있는 현실 속에서 자녀 교육을 할 수밖에 없다. 교육제도가 잘못되었어도 제도가 바뀔 때까지 기다릴 수 없다. 지금의 제도에서 대부분의 부모가 원하는 대로 아이들이 모두 일류 대학에 갈 수는 없다. 같은 학년의 학생 중에서 부모들이 원하는 일류 대학에 들어가는 학생은 전체의 3% 에도 미치지 못한다. 전체의 97%에 해당하는 학생들은 부모의 기대에 부응하지 못한다. 대다수의 아이들은 목표를 이루지 못했다는 좌절감에 빠질 수밖에 없다. 지금 아이들에게 대학은 폐쇄되고 강요된 목표이다. 아이들의 궁극적인 목표가 대학이면 그들에게 미래가 없다. 이것은 부모들이 만든 강요된 목표이다. 살면서 도전할 기회는 언제든지 또 있다. 부모는 아이들이 폐쇄된 목표를 추구하다 실패할 경우를 대비해야 한다. 아이들은 탈출구가 있어야 또 다시 꿈을 꿀 수 있다. 그래서 아이들은 정해진 중학교, 고등학교, 대학교를 목표로 삼지 않아야 한다. 그것은 부모의 바람이다.

고등학교 학부모를 대상으로 하는 강의에 가면 특목고 진학에 실패한 자녀의 교육에 대한 질문을 많이 받는다. 그 학생들이 힘들게 고등학교 생활을 하고 있음을 알 수 있다. '실패는 성공의 어머니'라는 격언이 있다. 맞는 말이다. 하지만 아이들은 자신이 원한 목표를 위해서 노력하다가 실패한 것이 아니다. 그래서 아이들의 실패는 성공을 위한 밑거름이 아니라 좌절로 남을 수 있다. 그들은 초등학교 시절부터 그것을 위해서 많은 노력을 했다. 아이들은 자신도 힘들었지만 엄마의 헌신적인 지원과 보살핌이 있었음을 알고 있다. 자기 자신에 대한 좌절감이 가장 큰 문제지만, 아이는 엄마에 대한 미안함을 떨치기가 쉽지 않다. 지금 유치원생과 초등학생을 키우고 있는 엄마는 이것을 미리 알고 대처해야 한다. '실패는 성공의 어머니'일 수 있지만, '좌절과 절망은 치유되지 않는 상처'가 될 수 있다.

아이가 고등학교 시절에 열심히 공부해서 대학에 갈 수도 있다. 그러나 그 시절에 다른 분야에 관심을 가지거나 일시적으로 탈선을 해서 대학에 가지 못할 수도 있다. 고등학생의 꿈과 목표는 대학 진학이 아니다. 그래서 부모는 지금 자녀의 상황을 고려해서 자녀와 대화를 해야 한다. 아이들을 다그친다고 부모가 원하는 대학에 아이가 갈 수 있는 것이 아니다. 18홀에 100타를 치는 골퍼에게 갑자기 80타를 치라고 할 수는 없다. 그 아마추어 골퍼가 당장 해결할 수 있는 방법이란 없다. 프로 골프 선수에게 레슨을 받는다고 타수가 쉽게 줄어들지는 않는다. 배운 내용을 체득하고 연습할 시간이 필요하다. 마찬가지로 영어, 수학 성적이 나쁘다고 아이가 당장 성적을 올릴 수 있는 해결책을 찾을 수 없다. 아이도 잘하고 싶다. 그런데 무슨 이유인지 모르지만 마음대로 되지 않는다. 그래서 부모는 항상 아이에게 용기를 주어야 한다. 아이에게 스스로 마음만 먹으면 언제든 잘할 수 있다고 희망을 주어야 한다. 대학이 인생의 전부는 아니다. 대학을 나오지 않아도 아이들은 인생을 즐겁게 살 수 있다. 대학에 가지 못했다고 실패한 인생이 아니다. 대학은 삶의 질을 결정하는 하나의 변수이지 상수가 아니다.

요즘에는 자신이 다니고 있는 대학의 사회적 평가와 자신을 동일시하는 대학생들이 많다. 지방대 재학생은 지방 대학에 대한 사회적 편견을 받아들인다. 그래서 그 편견에 따라 생각하고 행동하는 경향이 있다. 전문대 재학생은 자신의 인생이 전문대학 수준에 머물러 있다고 생각한다. 그래서 그들은 지방대, 전문대의 굴레를 벗어나지 못한다. 그만큼 생각하고, 그만큼 공부하고, 그만큼의 꿈을 꾼다. 나는 대학에 강의를 나가면 다니고 있는 대학과 자신을 동일시하지 말라고 끊임없이 강조한다. 서울대학교는 우리 사회에서 최고의 대학으로 평가받는다. 그러나 서울대 재학생이라고 우리 사회의 최고의 엘리트가 되는 것은 아니다. 서울대를 졸업하고도 사회생활에서 지진아에 속하는 사람들이 얼마든지 있다. 학벌의 틀에 빠져서 인생을 허비하다 사회에서 아무 쓸모도 없는 존재로 전락한 사람들이다.

내 아이가 대학생이든 아니든 그 아이는 내 자식이다. 내 자식이 아니라고 부정하고 싶어도 내 자식이다. 그 사실은 변하지 않는다. 그래서 우리는 자녀에게 끊임없이 희망을 주어야 한다. 그들이 처한 그 상황에서 희망을 가질 수 있는 대화를 하고 그 속에서 삶을 지혜롭게 살 수 있는 꿈을 이야기해야 한다. 초등학교만 나오고 세계적인 기업을 창조한 회장, 고등학교만 졸업한 대통령, 학교를 다니지 않고도 벤처기업을 창업해서 성공한 기업가 등 아이에게 해줄 수 있는 이야기가 많다. 우리가 찾아보면 아이에게 희망을 줄 수 있는 수많은 성공 사례가 있다. 그러한 성공담은 20세기에나 가능했던 전설이라고 말하는 사람들도 있다. 지금 한국 사회에서 '개천에서 용 난다'라는 말은 통하지 않을 수도 있다. 그러나 10년이면 강산도 변한다. 사람 사는 세상은 강산보다 빨리 변할 수 있다. 아이들이 살아갈 시대가 어떻게 변할지 알 수 없다.

우리는 속도 전쟁을 벌이고 있는 21세기에 살고 있다. 우리가 향유하고 있는 IT 산업의 결과물은 10년 전에는 세상에 없었다. 초고속 인터넷, 온라인 교육, 사이버 대학, IPTV, 3D TV, 스마트폰, 온라인 투표, 전기 자동차 등 그 어느 것도 10년 전에는 세상에 존재하지 않았다. 부모의 가치관과 세계관은 아이들이 살아갈 시대에 30년이 뒤진 것이다. 앞으로 30년간 세상이 어떻게 변할지 알 수 없다. 다른 시대를 살아갈 아이들에게 우리 시대의 가치관으로 좌절감을 주지 말아야 한다. 우리의 부모가 우리를 키우던 시대는 변화의 속도에 비례해서 판단한다면 한국사의 고려 시대 또는 조선 시대이다. 부모가 사회를 바라보는 관점은 아이들의 눈에서 보면 고려 시대, 조선 시대의 시각으로 비칠 수도 있다.

아이들이 살아갈 시대에도 학벌과 인맥이 성공의 열쇠가 되어도 부모의 역할은 변하지 않는다. 미래의 희망을 이야기하는 것 말고 부모가 자녀에게 할 수 있는 일이 무엇이 있을까? 자식은 마음대로 할 수 없다. 자식에게 끝없이 희망을 이야기하자. 초등학생에게는 중학생이 되면 잘할 수 있다고 격려를 해주자. 중학생에게는 고등학교에서 잘하면 된다고 말을 해주자. 원하는 대학에 가지 못한 아이에게는 대학원에 가서 해볼 수 있다고 희망을 주자. 희망에는 끝이 없다. 그래서 희망은 좋은 말이다. 우리 자녀의 희망에도 끝이 없다.

08

# 특목고 입학전형을 바꿔라

# 제도가 변해야 엄마로 돌아간다

많지는 않지만 자신의 철학대로 제대로 자녀 교육을 하고 있는 부모들도 있다. 그러한 부모들은 선행교육을 시키지 않고 어린 시절에 영어도 가르치지 않는다. 그렇지만 주변을 돌아보면 혼자만 자식을 방임하고 있다는 느낌을 지울 수가 없다. 다른 집 아이들은 일찍부터 영어도 배우고, 수학도 배운다. 부모들은 내 자식만 그 경쟁 대열에서 낙오할 수 있다는 불안감에 휩싸인다. 엄마가 아이의 미래를 망치고 있다고 생각할 수 있다. 그래서 이 책에서 권하는 방식으로 자녀 교육을 시키고 싶어도 그렇게 결정을 내리기는 쉽지 않다. 그래서 부모들은 비용이 들고 어린 아이가 힘들게 공부하는 모습이 안타깝기는 하지만, 남들과 동일한 방식을 택하고 만다. 부모는 이상과 현실에서 고민을 하게 된다.

그러면 왜 유치원, 초등학생들의 부모가 스스로 생각해도 불합리한 교육을 시키고 있을까? 그 밑바닥에는 우리의 잘못된 교육제도가 깔려 있다. 대한민국에서 아이의 일차적인 평가는 대학 입시로 결판난다. 누구도 부인할 수 없는 현실이다. 그래서 한국의 대학 서열을 없애자고 주장할 수도 있다. 대학 나온 사람을 우대하는 고질적인 사회적 병폐를 제거하자고 주장할 수도 있다. 그러면 아이들이 입시의 굴레에서 벗어날 수 있다. 그러나 현실적으로 한국 사회에서 그러한 주장은 허공을 가르는 말장난에 불과하다. 그렇게 변화되기 위해서는 근본적인 우리의 사고방식부터 개조를 해야 한다. 그러한 변화는 장기간의 작업을 필요로 한다. 당장 엄마들에게 줄 수 있는 대안이 아니다.

입시제도의 개혁은 미래의 한국 사회가 나아갈 방향이다. 한국 사회가 그렇게 변화될 가능성이 있는지에 대해서는 필자도 의문이다. 우리 사회에는 가진 자와 기득권자가 그 지위를 지켜내기 위해 무진 애를 쓰고 있다. 사회를 움직일 수 있는 힘과 권력 그리고 경제력이 그들의 손에 있다. 그래서 대한민국에서 모든 아이들에게 평등한 교육 기회를 줄 수 있을지가 의문이다. 그리고 명문 대학이 사라지고 학력 차별이 없는 사회가 될는지도 알 수 없다. 그래서 거창한 제안은 하고 싶지 않다. 교육은 백년대계라고 한다. 그런데 지금 아이들이 견디지 못하고 죽어가고 있다. 100년이 문제가 아니다. 1년에도 몇 백 명의 아이들이 세상을 떠나고 있다. 100년을 바라보고 고칠 것은 연구를 해서 고치자. 그러나 당장 바꿀 수 있는 것이 있다면 지금 바꾸자.

한국 사회에 인구통계학적 불균형이 초래되고 있으니 정부는 아이를 낳으라고 권고를 한다. 정부는 출산 장려용 정책들을 쏟아내고 있다. 아이를 낳기만 하면 모든 것을 해결해줄 것처럼 선전을 한다. 그런데 아이를 많이 낳는다고 인구고령화 문제가 해결될 수 있을까? 아이들이 죽어가고 있다. 어렵게 키워놓은 아이들부터 살리자. 그들이 성장하기까지 15년, 20년을 부모와 사회가 그들을 위한 투자를 했다. 살아 있는 아이들도 돌보지 못하면서 아이를 낳으라고만 권고하지 말자. 이 참혹한 현실을 보면서 누가 아이를 낳고 싶을까?

대한민국에는 대학이 개인의 삶의 질을 결정한다는 인식이 팽배해 있다. 사람들은 일류 대학을 나오면 마치 미래가 보장되는 듯한 착각을 한다. 물론 현실적으로 대학이 가지는 비중을 무시할 수 없다. 바로 그 이유 때문에 대부분의 부모들은 자녀를 일류 대학에 보내기 위해 혈안이 되어 있다. 아이들은 그 희생양이 되어 고등학교 졸업할 때까지 수능 시험이라는 굴레에서 벗어나지 못한다. 반드시 사회적인 합의를 통해 이것을 바꾸어나가야 한다. 그렇지만 수십 년간 뿌리내린 이 문제를 일시에 바꾸기는 쉽지 않다. 교육의 기회는 경제력, 성별, 지역, 부모의 조국에 상관없이 평등하게 주어져야 한다. 그렇지만 같은 조건에서 경쟁한 결과는 수용되어야 한다. 문제는 경쟁의 방식이다. 한국의 학생들은 수능 시험과 그 시험 성적을 반영한 대학 입시를 위해 경쟁을 하고 있다. 수능 시험이라는 하나의 잣대로 모든 학생이 평가되는 것은 공정하지 않다. 학생들을 위한 다양한 경쟁 제도의 도입이 모색되어야 한다. 학생들은 학교의 성적만으로 평가되지 않아야 한다. 무엇을 어떻게 바꿀지에 대한 심각한 고민이 지금이라도 시작되어야 한다.

# 특목고 입시제도를 바꿔라

유치원생, 초등학생의 엄마가 엄마로 돌아갈 수 있는 현실적인 대안은 무엇일까? 나는 학부모 특강을 다니면서 이 책에서 언급한 내용들을 수없이 강조해왔다. 유치원생과 초등학생에게 진정으로 필요한 교육이 무엇인지에 대해 말했다. 조기 영어 교육의 문제점과 선행교육의 참담한 결과도 엄마들에게 알려주었다. 그러면 학부모들은 그간의 자녀 교육에 대해서 반성을 한다. 현장에서 아이의 교육 방식을 바꾸겠다고 마음먹는 부모들도 있다. 하지만 집으로 돌아가고 나면 아이가 다니던 학원을 끊지 못한다. 학교에서 돌아온 아이에게 나가서 친구들과 실컷 뛰놀고 오라고 말하지 못한다. 부모들은 왜 이렇게 선행교육에 매달리고 있을까?

외고, 과학고, 그리고 유명 자립형 사립고의 입시제도에 그 근본적인 원인이 있다. 이러한 특목고에 진학하기 위해서는 중학교 1학년부터 내신 성적이 우수해야 한다. 모든 교과목의 내신 성적이 특목고 입시에 반영된다. 아이를 특목고에 보내기 위해서는 아무리 늦어도 초등학교 5학년이 되면 준비를 시켜야 한다. 이는 중학교 1학년 내신 성적을 잘 받기 위한 필수적인 조건이다. 실제로 이 시기에 준비를 하지 않은 학생이 중학교 1학년부터 우수한 내신 성적을 받는 것은 거의 불가능하다. 그래서 부모들은 아이들이 초등학교 5학년이 되면 그들을 공부노동자로 만들어버린다. 최근에는 더 이른 시기에 준비를 시작한다. 중학생이 되고 나서 아이의 특목고 입학을 포기하는 부모들이 생겨난다. 하지만 그 숫자가 많지는 않다. 시험에서 탈락했을 때 어쩔 수 없이 포기하는 것이지 미리 포기하는 일은 드물다. 그런데 문제는 중학교에서 중도에 특목고 진학을 포기해도 아이들은 초등학교 시절을 공부노동자로 보낸다는 사실이다. 아이들은 되돌아가서 초등학교를 다시 다닐 수가 없다. 그래서 모든 아이들이 공부의 희생자가 되고 있다.

이 문제를 해소하기 위한 방안으로 특목고를 폐지하자는 의견이 대두되고 있다. 특목고를 일반 고등학교로 전환하자는 주장도 나왔다. 특목고가 사라진다고 이 문제가 해결될 수 있을까? 그 가능성은 매우 낮다. 전 세계의 교육제도를 둘러보아도 고등학교를 평준화한 나라는 거의 없다. 교육의 천국이라고 알려져 있는 핀란드에도 명문 고등학교가 있다. 매년 전국의 고등학교 순위가 발표된다. 핀란드에서도 평준화는 중학교 과정까지로 한정되어 있다. 중학교 성적이 우수한 학생들은 좋은 고등학교에 입학을 하고, 그 학교를 졸업한 학생들은 좋은 대학에 갈 수 있는 확률이 상대적으로 높다. 한국에서 특목고를 폐지한다고 유치원과 초등교육의 문제가 근본적으로 해결될 수 없다. 그러면 또 다른 종류의 명문 고등학교가 생겨날 것이다. 물론 현재의 특목고는 여러 가지 점에서 바람직하지 않다. 특목고에 가려면 일반 고등학교에 비해 2배 이상의 비용이 소요된다. 그래서 가정 형편이 어려운 학생들은 지원 자체를 포기할 수밖에 없다. 차라리 평준화 이전에 존재했던 공립 명문 고등학교를 유지했다면 평등 교육의 차원에서 합리적이었을 것이다. 그 학교에는 실력과 열정을 가진 학생들이 가정 형편에 상관없이 입학할 수 있었다. 고등학교 입학에 부모의 경제력이 크게 영향을 끼치지 않았다. 가정 형편이 어려운 학생들도 그 학교에 지원하는 데 부담을 느끼지 않았다.

유치원과 초등교육의 파행은 바로 고등학교 입시제도에서 비롯된다. 대한민국에서 명문 고등학교가 사라질 가능성은 높지 않다. 정치권에서 주장하는 특목고의 폐지든 일반 고등학교로의 전환이든 명문 고등학교에 아이를 보내고 싶은 부모들의 욕망을 잠재울 수 없다. 이름을 바꾼다고 달라질 것이 없다. 입시제도를 바꾸어서 엄마들의 불안을 해소시켜주어야 한다. 모든 고등학교의 입학전형을 중학교 과정에서 출제되는 문제들로 구성된 입학시험으로 전환하는 방법이 있다. 내신 성적은 반영하지 않는 것이 가장 바람직하다. 고등학교 입시에서 내신 성적을 반영하지 않으면 부모들이 아이들을 초등학교 3, 4학년 때부터 지금과 같은 공부노동자로 만들 이유가 없다. 아이들은 초등학교에서는 기초적인 공부만 하고 중학교 때부터 차분하게 고등학교 입시를 준비할 수 있다. 엄마들에게 충분한 시간적 여유가 생겨난다. 중학교 1학년 때 본격적인 공부를 시작하지 않아도 된다. 중학교 3학년 때만 열심히 공부해도 명문 고등학교에 갈 수 있다. 그러면 적어도 초등학교 교육은 정상화될 수 있다. 본질적인 제도 변화는 모든 아이들을 명문고의 굴레에서 벗어나게 하는 데 그 목적을 두어야 한다.

아이를 특목고에 보내려는 부모들의 욕심이 나쁜 것은 아니다. 내 자식을 좋은 학교에 보내서 좋은 대학에 입학시키고 싶은 것은 정당한 엄마의 욕구이다. 그것을 위해서 엄마는 희생과 고통이 있어도 감수할 각오가 되어 있다. 그들이 바로 대한민국의 평범한 엄마들이다. '특수목적고등학교'의 설립 취지는 좋았다. 과학과 외국어에 재능과 적성을 가진 학생들을 선발해서 그 능력을 극대화한다는 것이었다. 하지만 그 목적과 취지는 변질되었다. 커리큘럼과 형식은 설립 목적과 일치하지만, 과학고와 외고는 명문 대학에 들어가기 위한 전초기지로 전락했다.

부모들의 인식 변화도 필요하다. 특목고에 가야만 좋은 대학에 들어가는 것이 아니다. 내 주변에는 특목고에 입학한 아이를 다시 일반 고등학교로 전학시킨 부모들도 많다. 일반 고등학교를 나와서 명문 대학에 입학한 아이들의 숫자가 훨씬 더 많다. 초등학교 학부모들의 특목고에 대한 생각은 환상일 수 있다. 고등학교 입시 경쟁에서 아이가 한 번 살아남았다고 해서 성공이 보장되지 않는다. 아이를 특목고에 입학시키고 나서 뒤늦게 후회하는 부모도 많다는 사실을 미리부터 알아둘 필요가 있다.

엄마들이 특목고의 입시제도를 바꾸어달라고 강력하게 요청을 하고 있다. 학부모 특강을 할 때마다 "제발 우리 아이가 중학교에 가기 전에 바꾸어주세요"라는 부탁을 많이 받았다. 교육 정책을 결정하는 사람들이 반드시 경청해야 할 간절한 엄마들의 목소리이다. 시간을 끌 사안이 아니다. 이것을 바꾸는 데 1년이 늦어지면, 대한민국 아이들의 공부노동자 생활이 1년 연장되는 것이다.

# 중학교 3학년에
# 경쟁을 시켜라

특목고 입시에서 내신 성적이 필요하다면 중학교 3학년 성적만을 반영해야 한다. 아이들은 중학교 때 사춘기를 맞고 급격한 변화를 겪는다. 아이들은 중학교를 다니면서 전혀 다른 아이로 바뀔 수도 있다. 아이들의 학습 능력이 초등학교에서 발휘될 수도 있지만, 중학교에서 본격적으로 드러날 수도 있다. 초등학교부터 하루 13시간의 공부노동으로 키워진 아이들이 자유로운 생활을 하면서 다양한 경험을 했던 아이들보다 낫다는 증거는 없다. 학교는 전인교육을 목표로 하고 있다. 특목고에 입학한 학생 수의 발표는 법으로라도 금지해야 한다. 한국어, 영어, 수학, 사회, 과학 등의 주요 과목에 대한 교육보다 인성 교육을 더 활성화해야 한다. 그러나 이러한 분야가 고등학교 입시를 위한 평가 자료로 활용되지는 않아야 한다.

부모들은 초등학교 시절부터 경제적 부담을 안고 아이들을 온갖 학원에 보낸다. 이는 아이의 재능을 파악하고 다양한 경험을 쌓는 데 도움이 될 수 있다. 그런데 학원에 보내는 중요한 이유 중의 하나가 중학교에서 내신 성적을 잘 받기 위해서라고 한다. 아이들은 좋아하는 음악을 듣고 즐겁게 노래를 해야 정상이다. 그런데 악기를 다루는 능력이 중학교에서는 내신 평가의 기준이다. 부모들은 어린 시절에 피아노, 첼로, 바이올린을 하나라도 가르쳐두어야 한다는 압박을 받고 있다. 부모들의 경제적 능력은 서로 다르다. 아이를 학원에 보낼 수 없는 부모도 있다. 그들은 아이에게 피아노, 첼로, 바이올린을 사줄 수 없다. 학교에는 이러한 특수한 분야의 교육을 담당할 정도로 시설이 충분하지도 않다. 그런데도 이러한 과목을 입시 과목에 넣어서 평가하는 것은 불평등하다. 아이들이 능력이 모자라서 악기를 다루지 못하는 것이 아니다. 그들에게는 그것을 배울 수 있는 기회가 주어지지 않았다. 동등한 기회를 부여받지 못한 과목으로 학생들을 평가하는 것은 불공평하다. 모든 아이에게 평등한 기회가 주어진 것들로 평가를 해야 한다. 부모의 경제적 능력에 좌우되지 않는 평가 기준이 필요하다. 누구에게나 가능한 것을 찾아보아야 한다. 고등학교 학습에 가장 기본이 되는 수학적 사고, 한국어 구사 능력, 책 읽고 요약하기, 영어 읽기 능력, 체력, 과학적 사고, 한국사에 대한 지식 등등이 될 수 있다.

아이 혼자서도 학교에서 이러한 능력을 키울 수 있다.

21세기는 무한 경쟁의 시대이다. 교육계와 정치권에서 나오는, 아이들에게 경쟁을 시키지 말자는 막연한 주장이 항상 옳은 것도 아니다. 핀란드 대학에도 서열이 있다. 헬싱키대학과 알또대학에 입학하기 위해서는 수능 시험과 고등학교 졸업 시험, 대학 입시에서 우수한 성적을 받아야 한다. 입학을 위해서 10 대 1의 경쟁을 하는 학과도 있다. 교육에서 기회는 누구에게나 평등하게 주어야 한다. 하지만 경쟁은 피할 수 없다. 세계에서 경쟁하지 않는 분야는 없다. 기업은 살아남기 위해서 동종 업계의 기업들과 경쟁을 해야 한다. 기업에서 승진을 하기 위해서도 동료들과의 경쟁은 피할 수 없다.

아이들이 성장 과정에서 경쟁을 피할 수는 없다. 그렇지만 경쟁의 방법과 시기는 매우 중요하다. 핀란드에서도 경쟁은 있지만 초등학생들은 경쟁을 하지 않는다. 중학생도 초기에는 경쟁을 하지 않는다. 경쟁은 중학교의 마지막 학년에 시작된다. 중학교 교사들은 졸업 성적을 줄 때 중학교 3학년 이전의 성적을 반영하지 못하게 되어 있다. 학생들은 중3 때에는 경쟁을 할 수밖에 없다. 졸업할 때 받는 성적으로 인생의 진로가 결정되기 때문이다. 물론 동료들과의 경쟁은 아니다. 졸업 성적은 상대평가가 아니라 절대평가이기 때문이다. 졸업 성적이 나쁘면 인문계 고등학교에 진학할 수 없다. 좋은 성적을 받아야 명문 고등학교에 입학할 수 있다. 한국의 학생들도 경쟁에서 예외일 수 없다. 그러나 유치원, 초등학교부터 경쟁을 준비해야 한다면, 제도를 바꾸어야 한다. 아이들이 정신적, 육체적으로 경쟁을 할 수 있을 때까지 기다려주어야 한다. 학장 시절의 경쟁에서의 패배가 인생의 낙오를 의미하지 않는다. 학창 시절에 한번쯤 경쟁을 해볼 수 있다. 중학교 졸업을 앞두고 1년쯤 배움의 결과를 확인하기 위해 경쟁해볼 만하다. 그러나 고교 입시 경쟁이 학생들에게 좌절감을 주지는 않아야 한다.

학생들의 경쟁은 공정해야 한다. 그리고 평등하게 제공된 배움의 틀 안에서 이루어져야 한다. 아이들에게는 자기가 능력이 있으면 성공할 수 있다는 자신감을 주어야 한다. 아이들 스스로 그 확신을 가질 수 있도록 제도를 바꾸어야 한다. 친구가 아무리 좋고 비싼 학원에 다녀도, 학교에서 충실히 수업에 임하고 집에서 철저하게 공부를 하면 자기에게도 기회가 있다는 확신을 가질 수 있게 해주어야 한다. 지금의 제도는 아이들에게 그러한 확신을 줄 수 없다. 그들은 처음부터 악기를 연주할 수 있는 기회가 없었다. 그들은 과외나 음악 학원을 거쳐 이미 악기를 연주할 수 있는 친구들을 따라갈 수 없다. 그래서 학습에 대한 의욕을 상실하게 된다. 어차피 이길 수 없는 게임이기 때문이다.

# 왜 특목고를 포기했을까?

우리 아이가 중학교에 입학하고 나서 우리는 아이를 외고나 과학고에 보내지 않기로 결정을 했다. 아이도 그것에 동의했다. 아이가 특목고에 지원을 포기한 이유는 너무나 명백했다. 외고에 들어가기 위해서는 아이는 전 과목의 내신 성적을 1등급을 받아야 했다. 일부 과목만 잘해도 들어갈 수 있었다면 아이가 도전했을지도 모른다. 중학교 3학년이면 한번쯤 경쟁을 해볼 만한 시기이다. 하지만 특목고에 지원을 했어도 아이는 그것만을 목표로 공부를 하지는 않았을 것이다. 아이들이 언제 공부에 흥미를 느낄지 알 수 없다. 공부를 해도 반드시 특목고에 합격한다는 보장도 없다. 나는 특목고 시험에서 실패할 경우를 대비했을 것이다. 아이가 시험준비를 했다면 실패해도 좌절하지 않는 방법을 택했을 것이다. 우리와 아이의 그때 결정이 올바른 것이었는지 아직도 알 수 없다. 어찌 되었든 아이는 즐겁게 고등학교를 다녔고 대학에 들어갔다.

아이의 특목고 지원을 겁이 나서 포기한 것이 아니다. 아이가 중학교 시절에 공부만 하도록 강요할 수 없었다. 중학교 시절은 인생에서 가장 힘들다는 사춘기를 겪는 때이다. 그 시기는 아이들이 부모에게 반항도 할 때다. 특별한 이유도 없이 방황도 한다. 지나고 나면 아무것도 아닌 일로 고민도 한다. 어른들은 쓸데없는 고민과 방황이라고 한다. 그러나 아이들은 고민하고 방황하면서 성장한다. 아이의 삶에서는 그것이 가치가 있다. 부모들도 다 겪었던 일이다. 우리 시대에도 고등학교 입학시험을 보았다. 하지만 그 시절에는 고등학교 시험을 위해서 지금처럼 공부하지 않았다. 중학교 1학년 때부터 고등학교 시험을 준비하지 않았다. 초등학교 시절에는 그런 제도가 있는지도 모르고 놀았다. 친구들과 어울려서 운동도 했다. 친구들을 경쟁자라고 생각해본 적이 없었다. 우리는 아이에게서 그 소중한 청소년기의 경험을 빼앗고 싶지 않았다. 지금 생각해도 아이는 특목고를 포기해서 얻은 것이 더 많다. 물론 아이의 고등학교 시절에 수준이 비슷한 친구들과 함께 공부할 수 있는 기회가 필요하다고 생각한 적도 있었다. 그렇지만 우리 아이도 어릴 적에는 공부를 잘하지 못했다. 인생에서 아이가 언제 다시 바닥으로 떨어질지 알 수 없다. 반드시 잘하는 아이들과 함께 공부하는 것이 정답은 아니다.

청소년기의 삶을 아이들에게 돌려주자. 지나고 나면 아이들은 그 삶을 되찾을 수 없다. 아이들이 돌아가서 인생을 다시 살 수 없다. 아이들에게도 다음 세대에 전해줄 청소년기의 추억이 있어야 하지 않을까? 청소년기의 추억이 공부와 학원밖에 없다면 너무 황량하지 않을까? 우리의 손자 세대는 자기 부모를 괴물이라고 생각하지 않을까?

09

# 교사를 믿어야 교육이 산다

# 교사의 권위 회복에 엄마의 협조가 절실하다

한국에서는 초등학교, 중학교에서 9년간의 의무교육을 한다. 그리고 대부분의 학생은 고등학교에 들어가서 3년간 학교생활을 한다. 아이들은 총 12년간 학교에 다니게 된다. 하루 평균 8시간을 학교에서 보낸다고 계산하면, 잠자는 시간을 제외하고 아이들은 자기 인생의 절반을 학교에서 생활한다. 아이들이 학교에 가지 않거나 특수 교육을 받지 않는 한 아이들은 교사에게 교육을 받아야 한다. 부모가 자녀와 함께 보내는 시간과 학교에서 보내는 시간은 비교가 되지 않는다. 자녀 교육에 열정적인 부모에게도 하루에 1시간 이상 자녀들과 대화하는 일은 쉽지 않다. 그 대화 시간은 학교에서 생활하는 시간의 1/8에 불과하다. 이렇게 부모는 자녀 교육을 학교에 의존할 수밖에 없다. 그래서 가능하면 아이들이 학교와 교사에 대해서 긍정적인 생각을 가지도록 가정에서 도와주어야 한다. 학교와 교사에 대한 아이들의 부정적인 생각은 결과적으로 자기에게 해가 될 뿐이다.

한국의 아이들은 교사에 대한 기본적인 존경심을 가지고 있다. 가정에서 관심을 기울이면 학교에서 좋은 교육을 받을 수 있는 기본적인 토대가 마련되어 있는 나라가 바로 대한민국이다. 아이들이 바지가 끌릴 정도로 옷을 입거나, 민망할 정도로 치마를 짧게 고쳐서 입을 때 부모가 이를 바로잡기는 쉽지 않다. 그런데 학교에서 교사가 이것을 지적하면 아이들은 옷을 고쳐서 입는다. 그것은 한국의 교사가 지닌 기본적인 권위에서 비롯된다. 불행한 일이지만 대구에서 한 학생이 친구들의 폭력을 견디지 못해서 자살을 했다. 안타까운 일이다. 그런데 폭력을 가한 학생들이 사건이 알려진 그날 밤에 "내일 선생님한테 뭐라고 할까?(낼 샘한테 뭐라칼까?)"라는 문자를 주고받았다고 한다. 학생들이 그러한 극한 상황에서 가장 두려워한 사람은 경찰이나 부모가 아닌 바로 담임 선생님이었다. 이것이 한국의 학생들이 가지고 있는 선생님에 대한 기본적인 마음가짐이다. 그래서 한국의 교육에는 미래가 있다. 교사가 권위를 회복하고, 당당하게 일어서면 참다운 교육이 가능하다. 그런데 교사의 권위를 회복하는 데에는 부모의 협조가 절실하다.

아이가 꾸지람 한번 받았다고 교사에게 전화를 하고, 아이 앞에서 부모가 선생님에게 면박을 준다면 교사의 권위는 사라진다. 일시적으로 부모가 아이의 자존심을 세워줄 수는 있다. 그러나 자식이 학교에서 부당한 대우를 받았다고 부모가 섣불리 나설 일이 아니다. 아이는 그 선생님으로부터 많은 것을 얻어야 한다. 그리고 부당한 대우를 받았다는 아이의 말을 액면 그대로 믿어야 할지 부모는 심각하게 고민을 해보아야 한다. 교사는 아이들이 아무런 잘못이 없는데 꾸중을 하지 않는다. 자세하게 정황을 들어보면 아이가 무엇인가 잘못한 일이 있다. 아이가 아무 잘못도 하지 않았는데 토끼뜀을 10번씩 시키는 교사는 없다. 아이가 정해진 등교 시간에서 1분을 늦었을 수도 있고, 수업 시간에 만화책을 보았을 수도 있다. 교사는 아이들을 괴롭히는 사람이 아니라, 아이들을 이끌어주는 사람이다.

시대가 지나면서 교사의 권위는 예전보다 많이 떨어졌다. 아이들이 교사에게 반항을 하기도 한다. 수업 중에 버젓이 잠을 자는 학생도 있다. 부모들이 학교로 찾아가 항의도 하고 아이들의 면전에서 교사를 윽박지르기도 한다. 아이가 맞았다고 교사를 폭행하는 부모까지 생겼다. 이러한 부모들의 행동이 과연 옳을까? 그렇게 해서 아이가 얻는 것이 무엇일까? 교사를 폭행하고, 교장실을 방문하여 교사의 징계를 요구한 부모는 남들 앞에서 무용담을 늘어놓을 수 있다. 그리고 이제 어떤 선생님도 자기 아이를 괴롭히지는 않을 것이라고 자랑을 할지도 모른다. 그러나 아이는 그러한 사건 이후에 그 교사로부터 무엇을 배울 수 있을까? 아무것도 없다. 부모는 대체할 교육 수단이 있다고 생각하고 그런 행동을 했을 것이다. 부모는 학교에서 배우지 않아도 아이를 학원에 보내면 된다고 생각했을 수도 있다. 아니면 자기가 스스로 가르칠 수 있다고 생각할 수도 있다. 만약 그렇지 않다면 부모가 그러한 무모한 행동을 할 수 없다.

우리는 종종 아이들이 교사에게 대들었다는 사건을 뉴스를 통해 전해 듣는다. 그러한 일이 학교에서 실제로 벌어지기도 한다. 안타깝지만 이것은 부인할 수 없는 사실이다. 하지만 그것은 일상적인 일이 아니라 뉴스에서 보도할 만한 사건이다. 본래 뉴스는 사건을 보도하는 프로그램이다. 그래서 뉴스에는 항상 대형 화재 사고, 교통 사고, 살인 사건, 폭력 사건이 소재로 등장한다. 일상적인 일은 뉴스의 대상이 될 수 없다. 버스를 타고 집에 간 회사원, 수업이 끝나고 즐겁게 놀고 있는 아이들, 교실에서 열심히 가르치는 선생님, 그리고 진지하게 듣고 있는 학생들은 뉴스의 대상이 아니다. 뉴스에서 보도되는 학교와 관련되어 있는 일련의 사건들은 일상에서 벗어난 특별한 일이다. 몇몇 학생들이 교사의 권위를 훼손하는 일은 말 그대로 '사건'이다. 일상적인 일이 아니다. 대부분의 학생들은 교사를 존경하고, 교사의 말에 복종한다. 우리는 뉴스에 보도되는 사건을 보고 교사의 권위가 떨어졌다고 단정짓지 않아야 한다. 이것은 관광버스가 사고를 냈다고 버스를 타고 관광을 하는 것이 위험하다고 말하는 것과 다르지 않다. 신분에 어긋나는 행동을 하는 학생 때문에 몇몇 교사가 피해를 입었다고 해서 모든 교사의 권위가 떨어진 것은 아니다. 고속도로에서 교통사고가 났다고 해서 고속도로는 매우 위험하니 일반 도로를 이용해야 할까? 대한민국에서 교사의 권위는 살아 있다. 현장의 많은 교사들이 이를 직접 경험하고 있다. 그리고 정상적인 사고를 하는 모든 부모들이 그 권위를 인정하고 있다. 교사 스스로가 자기에게 권위가 없다고 자책할 이유가 없다.

# 교사를 믿어야 엄마로 돌아갈 수 있다

아이가 학교의 선생님에 대해서 말을 할 때 우리는 어떻게 대응해야 할까? 가장 모범적인 사례에 속하는 일화가 있다. 어느 날 학교에서 자연학습을 갔다가 한 학생이 풀에 대해서 선생님에게 질문을 했다. 선생님도 그 풀에 대해서 알지 못했다. 선생님은 솔직하게 모른다고 답변을 했다. 그날 아이는 식물학자인 아버지에게 자연학습장에서 일어났던 일을 이야기했다. 아버지는 자신도 무슨 풀인지 모른다고 하면서 "선생님은 알고 계실 것이다. 알고 있지만 일부러 너에게 직접 찾아보라고 모른 척한 것일 거야"라고 아이에게 말을 해주었다. 그러고 나서 아버지는 선생님에게 전화를 해서 그 풀에 대한 자세한 설명을 해주었다. 이튿날 아이는 선생님으로부터 그 풀에 대한 자세한 설명을 들을 수 있었다.

이 일화는 부모가 선생님에게 어떻게 해야 하는가에 대한 모범 답안을 제시해주고 있다. 그렇지만 이와 같은 아버지가 되자고 제안하는 것은 아니다. 아이들이 배우는 내용에 대한 전문적인 지식을 가진 부모는 많지 않다. 그래서 부모들이 위에서 언급한 식물학자와 같은 일을 겪을 가능성은 희박하다. 그러나 위의 일화가 시사하는 바는 크다. 부모가 교사에게 어떻게 처신해야 하는가를 잘 보여주고 있기 때문이다.

대학을 졸업하고 갓 임용된 교사는 자신이 가르치는 내용을 충분히 알지 못할 수도 있다. 지식을 가지고 있지만 효과적으로 그것을 전달하는 방법을 모를 수도 있다. 짓궂은 학생들은 학원에서 배웠던 어려운 문제를 교사에게 다시 질문하기도 한다. 이것은 자신을 가르치는 교사를 시험해보기 위한 방법이다. 아이들은 교사가 잘 풀어주면 당연한 것으로 간주한다. 교사가 해결하지 못하면 교사에 대한 아이들의 믿음이 사라진다. 교사에 대한 믿음이 사라지면 아이들은 그 교사에게서 아무것도 배우지 못한다. 그래서 교사를 시험하기 위한 질문을 하는 일은 가장 멍청한 짓이다. 노련한 교사가 아니라면 아이들의 갑작스런 질문에 쉽게 대응하기란 쉽지 않다. 교사는 쩔쩔매는 모습을 학생들에게 보여줄 수도 있다. 그런 데에 당황할 필요가 전혀 없다. 학생들에게 함께 문제에 대해서 고민을 해보고, 다음 시간에 풀어보자고 제안하면 그만이다. 교사가 부끄러워할 필요도 없다. 교사라고 모든 것을 알 수는 없다.

부모가 아이들의 평가 대상이 아니듯이, 교사도 아이들의 평가 대상이 아니다. 교사가 어떤 문제 하나를 모를 수도 있다. 그렇다고 교사가 아닌 것이 아니다. 교사는 어떠한 경우에도 학생들 앞에서 당당해야 한다. 학생들의 모든 질문에 척척 대답해낼 수는 없다. 아이는 적어도 학습에 대한 내용은 부모보다 교사가 더 많이 알고 있다고 믿고 있어야 한다. 그래야 교사의 수업에서 무엇인가를 배운다. 부모들은 아이에게 교사가 권위를 유지할 수 있도록 질문하는 요령을 가르쳐주어야 한다. 내가 우리 아이에게 가르쳐준 교사에게 질문하는 요령은 다음과 같다.

• 정확하게 질문을 해라

질문을 할 때는 네가 풀어낸 내용을 선생님에게 보여줘라. 그리고 무엇이 잘못되었는지 질문을 해라. 막연하게 어떤 문제를 풀어달라고 질문하지 마라.

• 질문을 할 때는 항상 답을 가지고 가라

선생님에게 정답지를 제시해라. 네가 풀어낸 방식과 정답지가 무엇이 다른지 비교해서 질문을 해라.

이와 같은 질문은 교사에게 부담이 없다. 교사는 학생이 풀어낸 방식을 보면서 정확하게 잘못된 부분만 지적을 해주면 된다. 그리고 혹시라도 자신이 모르는 문제이더라도 학생이 답안을 함께 가지고 오기 때문에 교사는 부담을 덜 수 있다.

아이가 학습에 관련된 질문을 하면 부모는 선생님에게 질문을 하라고 유도하는 것이 옳다. 부모가 답을 알고 있어도 문제 해결을 교사에게 미루자. 그것은 교사의 몫이지 부모의 몫이 아니다. 부모가 질문에 답을 해주기 시작하면, 계속해서 그 다음 질문에도 부모가 답을 해주어야 한다. 부모가 아이의 모든 질문에 답을 해줄 시간과 자신이 없다면 교사에게 미루는 것이 좋다. 학생들의 질문에 적절하게 대응하는 것이 교사의 핵심적인 임무이다.

내가 질문하는 요령을 아이에게 가르친 이유는 아이가 선생님들로부터 사랑을 받도록 하기 위해서였다. 그리고 그것은 아이가 교사에 대한 신뢰를 가지도록 하기 위한 조치였다. 부모처럼 교사도 아이에게는 절대적인 존재로 느껴져야 하는 사람이다. 질문을 해결하지 못하면 아이는 교사에게 실망을 할 것이다. 그 이후에는 아이는 교사가 가르치는 내용에 대해서 신뢰를 하지 못하게 된다. 그러한 일이 일어났을 때 가장 피해를 보는 것은 내 아이이다.

# 교사를 욕하면 아이가 배울 수 없다

아이들은 학년 초가 되면 담임 선생님에 대한 평가를 한다. 선생님이 정말로 무섭다고 하는 아이들이 많다. 교사들이 1년 동안 아이들을 지도하기 위해서 초기에 필요 이상으로 아이들에게 엄하게 대하는 경우가 있기 때문이다. 교사가 그 방법을 사용할 필요는 없어 보이지만 교사의 개인적인 성향을 막을 방법도 없고, 그럴 필요도 없다. 아이들이 선생님이 무섭다고 하면 처음에만 그렇게 대하는 것이라고 말해주면 된다. 시간이 흐르면 선생님이 달라질 것이라고 안심을 시키면 된다. 실제로 아이들의 교사에 대한 평가는 학년 초와 달라지는 경우가 허다하다. 아이들은 종종 교사의 실력, 외모에 대해서도 이야기를 할 때가 있다. 부모는 아이들의 평가를 무시할 필요도 수정할 필요도 없다. 아이에게 잘못 평가한 것이라고 혼을 낼 이유도 없다. 그것은 아이들이 객관적으로 내리는 평가이다. 아이가 교사를 긍정적으로 평가하면 그것을 받아들이면 된다. 아이가 부정적인 평가를 하면 나중에 생각이 달라질 수도 있다고 말하면 된다.

교사에 대한 아이의 평가와 불평은 다른 문제이다. 평가는 받아주더라도 교사에 대한 아이의 불평에는 단호하게 대처할 필요가 있다. 아이들은 가끔 집에 와서 이런 말을 한다. "나는 아무 잘못도 하지 않았는데 선생님한테 혼났어. 잘못한 것도 없는데 얼차려를 받았어." 아무 잘못도 이유도 없이 학생을 괴롭히는 교사는 없다. 그러한 교사가 있다면 당장 교단을 떠나야 한다. 그럴 때는 부모는 어떤 일이 있었는지 자세하게 들어볼 필요가 있다. 듣다 보면 아이가 무엇을 잘못했는지 부모는 알 수 있다. 바로 그 순간을 포착해서 "그래 네가 그런 말을 하니까, 그리고 네가 그렇게 행동을 하니까 선생님이 너를 혼냈지. 선생님이 아무 이유도 없이 너를 혼내겠니? "

아이들은 담임 선생님이 자기를 미워한다고 생각하면 1년을 망치게 된다. 어떠한 경우에도 선생님이 자기를 차별하거나 미워하지 않음을 알려줄 필요가 있다. 우리는 살면서 주는 것 없이 미운 사람을 마주할 때가 있다. 많은 학생들 중에는 그런 아이가 있을 수도 있다. 교사는 그런 학생이 있어도 스스로 표현을 자제하려고 노력하는 사람들이다. 그래서 교사는 명시적으로 미움을 표현하지 않는다. 그러니 부모는 아무리 아이가 우겨도 교사를 윤리적인 측면에서 비난하지 말아야 한다. 설혹 그렇게 판단이 되더라도 부모는 참아야 한다. 아이에게 도움을 주기 위해서는 부모가 참는 것이 답이다. 외모, 실력, 능력, 성격에 대한 평가는 아이들의 몫이다. 스스로 수정해나갈 수 있다. 하지만 교사에 대한 아이들의 윤리적인 평가는 내버려둘 문제가 아니다. 단호하게 대처해서 자녀가 생각을 바꿀 수 있도록 해야 한다.

초등학교에 갓 들어간 아이들이 선생님이 무서워서, 혹은 자기 마음에 들지 않는 선생님을 만나서 학교에 가기 싫다고 하는 경우가 있다. 참으로 난감한 일이다. 선생님을 바꾸어달라고 학교에 요청할 수도 없다. 전학을 시키자니 그것도 좋은 선택이 아니다. 사실 이러한 경우에 적절한 해답을 찾기는 어렵다. 그렇다고 싫다는 선생님을 좋아하라고 말할 수도 없다. 그 선생님을 모든 학생이 싫어하는 것도 아니다. 내 아이만 선생님을 싫어한다. 그럴 때는 어쩔 수가 없이 1년만 생활하면 2학년 때는 좋은 선생님을 만나게 될 거라고 아이를 타이르는 수밖에 없다. 그리고 좀더 세심하게 아이의 학교생활에 관심을 가지는 것밖에는 다른 방법이 없다. 그리고 이것도 어차피 세상을 살면서 아이들이 극복해야 하는 과정이다. 아이들이 사회생활을 배우는 과정이다. 인생을 살면서 좋아하는 사람들만 만나는 것이 아니다. 마음에 들지 않는 사람들과 적응해서 살아가야 하는 것도 배울 필요가 있다.

앞에서 언급을 했지만 지능은 공부 잘하는 능력이 아니다. 지능은 주어진 환경에 적응할 수 있는 능력이라고도 한다(노경선, 2007). 아이가 환경에 적응하지 못하는 것도 부모의 탓일 수 있다. 아이가 다른 사람들과 소통하고 이해하는 능력을 배우지 못해서 일어나는 일일 수 있다. 아이들은 어린 시절부터 놀이와 운동을 하면서 타인과 어울리는 방법을 터득한다. 부모는 아이에게 이러한 능력을 키울 수 있는 장을 마련해주어야 한다.

# 아이의 학습은 교사의 몫이다

라디오를 듣다 보면 종종 아이 교육을 하면서 엄마들이 겪는 일화가 소개된다. 대부분 수학이나 영어와 관련된 내용이다. 아이들이 갑자기 '감, 밤, 수건'이 영어로 무엇이냐고 묻는데 생각이 나지 않거나, 실제로 몰라서 답을 못 한 엄마의 경험담이다. 많은 엄마들이 "요즘은 초등학교 3학년 수학이 왜 그렇게 어려운지 아이가 질문을 하는데 도대체 알 수가 없어"라고 푸념을 한다. 지난 여름 나는 한 초등학교에서 특강을 한 뒤, 어느 학부모와 면담을 한 적이 있다. 그 엄마는 초등학교 3학년 아이의 수학과 영어에 대한 질문에 답을 해주지 못해서 얼굴이 화끈거리고 창피했다고 했다. 그러고는 많이 배우지 못한 자신을 탓하고 있었다. 나는 그 엄마에게 그런 생각을 가질 필요가 없다고 했다. 어떤 부모도 아이들의 학습과 관련된 질문에 모두 답할 수 있는 사람은 없다고 말을 해주었다. 부모는 누구든 언젠가는 이러한 벽에 부딪히게 되어 있다. 부모가 수학교사가 아니고는 고등학교 1학년 자녀가 묻는 수학 문제를 풀어줄 수는 없다. 부모가 과학교사가 아닌 이상 아이의 가속도에 대한 질문을 공식을 암기해서 풀어줄 수 없다.

우리는 이 문제에 대해 깊이 생각해보아야 한다. 왜 초등학교 3학년 아이들이 수학과 영어에 대해서 엄마에게 질문을 할까? 그리고 엄마는 왜 질문에 답을 하지 못한 것에 대해서 자신을 탓해야 할까? 엄마는 아이들로부터 수학과 영어에 관한 질문을 받을 이유가 없다. 엄마는 아이들이 잘 성장하도록 먹을 것을 챙겨주고, 잠자리를 살펴주면 된다. 그리고 엄마는 아이의 친구 관계, 일상생활, 고민거리에 대해서 아이와 대화를 하면 된다. 수학, 영어, 과학, 한자 등이 엄마와 아이의 대화 소재가 될 이유가 없다.

어떤 엄마는 초등학교에 들어가기 전부터 아이에게 한글과 수학의 덧셈, 뺄셈을 가르쳤을 수도 있다. 그리고 초등학교 1, 2학년 때에 학교에서 받아오는 과제물을 엄마가 대신해서 해주었을 수도 있다. 그렇게 엄마가 학습을 직접 지도하고 도와주었기 때문에 아이들은 습관적으로 고학년이 되어서도 엄마에게 질문을 하는 것이다. 아이들은 모든 것을 알고 있다고 생각했던 엄마에게 실망을 할 수도 있다. 그리고 엄마는 엄마대로 더 이상 아이의 학습에 도움을 줄 수 없다는 자괴감에 빠지게 된다. 그런데 이렇게 된 이유는 무엇일까? 처음부터 선생님에게 배우고 모르는 것이 있으면 선생님에게 질문을 하는 방식으로 아이들을 지도했다면 그러한 불편한 일은 일어나지 않았을 것이다.

부모가 박사학위를 가지고 있거나 외국에서 유학을 했어도 아이들의 학습과 관련된 질문에 모두 응답을 할 수는 없다. 엄마의 학력과 관심에 따라서 초등학교 시절까지 아이의 질문에 응답을 해줄 수 있는 엄마도 있다. 그리고 특별한 경우에는 엄마가 중학생의 학습까지 도움을 줄 수도 있다. 그러나 언젠가는 아이의 질문에 더 이상 답을 해줄 수 없는 상황에 직면하게 된다. 그래서 엄마는 가능하면 처음부터 아이들의 학습에 관여하지 않는 것이 좋다. 아이는 선생님과 함께 학습을 하는 것이 옳다.

나는 영어, 수학, 언어에 관한 아이의 질문에 고등학교 수준까지는 답을 해줄 수 있다. 대학 시절 많은 학생들에게 수학을 가르쳐본 경험이 있고, 언어와 영어는 지금도 연구하고 있는 영역이다. 실제로 우리 아이가 중학교에 다닐 때 나에게 수학, 영어에 대해서 질문을 한 적이 여러 번 있었다. 하지만 그때마다 나의 대답은 항상 똑같았다.

"학교에 가서 선생님한테 질문을 해라. 아빠는 이제 다 잊어버려서 아무것도 모른다."

실제로 아이의 질문에 응한 것은 고등학교 3학년 때였다. 주로 수학과 관련된 질문이었다. 그때마다 아이에게 무엇을 묻고 있는 문제인지 내가 이해할 수 있게 설명을 해보라고 했다. 고등학교 고학년의 수학에서 대부분 아이들은 문제의 내용 파악을 하지 못해 문제 풀이에 실패한다. 응용문제는 일반적으로 긴 지문으로 구성되어 있기 때문에 아이들이 질문하는 내용을 이해하지 못하는 것이다. 우리 아이는 문제에 대해서 한참 설명을 하다가 보면 스스로 풀이 방법을 생각해내는 경우가 허다했다. 이와 같이 아이들이 어려운 문제를 가지고 와서 질문을 해도 부모가 대답할 필요는 없다. 아이에게 문제를 스스로 설명해보라고 하면 된다. 필요하면 인터넷이나 책에 대한 정보를 제공해주면 된다. 그래도 해결을 못 하면 최후의 보루인 선생님이 있다.

부모들은 큰 사람들이다. 엄마는 아이의 모든 세계이다. 아이들의 학습과 관련된 질문에 당황할 이유가 없다. 오히려 "너는 이라크 전쟁이 왜 일어났다고 생각하니? 북한의 핵 문제에 대해서 너는 어떤 내용을 알고 있니? 요즘 물가가 많이 올랐는데 그 이유가 무엇인지 알고 있니? 중국 경제가 세계 경제에 미치는 영향에 대해 생각해본 적 있니?"와 같은 질문을 던져볼 수 있다. 부모가 이러한 일반 상식을 모른다고 해도 조금도 위축될 필요가 없다. 교육은 학교에서 하는 것이다. 부모는 아이들에게 집에서 할 수 있는 교육만 잘하면 된다. 거짓말하지 않기, 예절 지키기, 의리 지키기, 집에서 화목하게 지내기 등을 가르치면 된다.

# 엄마가 변해야 교육이 산다

아이들의 학습은 학교와 교사의 책임이다. 그 책임이 엄마에게 있지 않다. 엄마는 아이들의 학습이 아니라 인성과 생활 교육에 충실해야 한다. 엄마는 아이의 최고의 관찰자이다. 아이의 학습에서 부족한 것이 있으면 학교와 교사를 찾아야 한다. 학교에서 우선 해법을 찾고, 교사의 조언을 받아서 학원도 보내야 한다. 학교에서 대처할 수 없을 때 학원의 도움을 받는 것이 정상이다. 아이가 특별히 부족한 영역이 있으면 학원에 요청을 할 수 있다. 아이가 특별한 재능이 있다면 학원의 도움으로 발전시킬 수 있다. 엄마가 학원 교육을 바꿀 수 있다. 필요할 때 학원을 이용하는 지혜가 필요하다. 선행교육이 필요한 시기에 학원을 이용할 수 있다. 아이의 삶에서 그 시기는 정해져 있다. 학원에 가는 것이 아이들의 일상적인 생활이 되도록 만들지 않아야 한다. 때가 되면 학교에서 배울 내용을 미리 학습시킬 이유가 없다. 학교의 교사는 할 일이 없어진다.

교사는 아이들에게 무엇인가 새로운 것을 가르치는 재미가 있어야 한다. 교사에게서 가르침의 기쁨을 빼앗지 말아야 한다. 교사는 가르침에서 보람을 느낀다. 그 기쁨을 송두리째 빼앗고도 교사를 나무랄 수 없다. 가르침의 행복을 느끼지 못하는 교사는 책임감도 상실한다. 교사가 책임을 지고 싶어도 책임질 일이 없어진다. 가르침은 교사의 고유한 권리이다. 이 권리를 엄마들이 빼앗고 있다. 내가 해야 할 일을 누군가 다 해놓으면 스스로 존재할 이유를 잃어버린다. 교사들이 자기의 존재 이유를 잃어가고 있다. 교사에게 가르침의 권리를 돌려주어야 한다. 엄마의 생각이 변해야 교육이 산다. 엄마가 교사를 믿으면 교육이 산다. 교사를 배제하고 교육을 살릴 수 없다.

# 교사가 최후의 보루이다

대한민국에는 엄마는 점점 사라지고 공부를 강요하는 가짜 엄마들이 늘어나고 있다. 교사는 엄마를 잃은 아이들을 더 많은 관심을 가지고 돌보아야 한다. 부모가 있어도 사랑을 받지 못하는 아이들에게도 교사들이 특별한 관심을 가지고 배려를 해야 한다. 엄마를 잃은 아이들도 우리가 키워내야 하는 대한민국의 소중한 자녀들이다. 한부모가정의 아이들도 마찬가지이다. 최근에 이혼율이 급등하면서 한부모의 품에서 자라는 아이들이 점점 늘어나고 있다. 그 아이들이 모두 가정교육을 제대로 받지 못하는 것은 아니다. 아이들에게는 아버지와 엄마가 해줄 수 있는 역할이 다를 수 있다. 가정교육에서 빠지는 영역이 있을 수 있다. 이 부분을 교사들이 채워주어야 한다.

엄마가 있어도 먹고 사는 일 때문에 돌봄을 받지 못하는 상황에서 성장하는 아이들도 존재한다. 이들에게도 엄마는 필요하다. 이 아이들에게 엄마 역할을 해줄 수 있는 사람은 교사밖에 없다. 이것은 교사들에게 잔인한 요청일 수 있다. 현실을 모르는 미친 사람의 말이라고 욕을 해도 좋다. 부모도 자기 자식을 마음대로 할 수 없다. 교사들에게 엄마의 역할을 해달라는 부탁이 무리라는 것을 모르는 바 아니다. 그렇지만 누군가는 이 역할을 해야 하는 것이 우리의 현실이다. 그 현실적인 대안은 교사밖에 없다. 엄마를 잃은 아이들이 위로받고, 기댈 수 있는 사람이 없다. 그 아이들이 건강한 젊은이로 성장할 수 있는 방법은 하나밖에 없다. 바로 교사들이 아이들에게 사랑을 주는 것이다.

공부를 잘하는 아이들만 학교에서 칭찬받아야 할 이유가 없다. 우리가 키우고 있는 아이들은 모두 칭찬받을 자격이 있다. 공부라는 잣대로만 아이들을 바라볼 필요가 없다. '일제고사'의 결과가 어떻게 나오든 교사는 성적이라는 잣대로 아이들을 평가하지 말아야 한다. 아이들은 성장해서 대한민국의 성인으로 살아갈 재원이다. 한 아이가 잘못되었을 때 우리 사회가 지불해야 대가는 어마어마하다. 그 대가를 최소화할 수 있는 방법도 교사에게 있다.

교육 문제에 대해서 많은 논란이 일고 있다. 교사가 논란의 중심에 서는 일도 있다. 교사에게 불만을 가진 부모들도 있다. 그래도 대한민국의 교육의 주체는 교사이다. 교사가 좌절하고 포기하면 우리에게 미래는 없다. 어떠한 일이 있어도 교사가 스스로 교육을 포기하지 말아야 한다. 우리 국민의 대다수는 교사를 믿고 있다. 학교를 비판하고 학교의 역기능에 대해서 말을 하지만, 대안학교에 보내는 사람들은 한정되어 있다. 학교에 대해서 불만을 가지고 있는 부모들도 아이들을 아침마다 학교에 보낸다. 교사들은 이것이 가지는 의미를 되새길 필요가 있다. 대부분의 부모들은 교사에게 큰 기대를 하고 있다.

# 교사가 아니라 스승이 되자

언제부터인가 우리 사회에는 '스승'이란 말을 사용하는 것이 어색해지기 시작했다. '선생님'이라는 말도 그 사용 영역이 점점 줄어들고 있다. 학생들은 교사를 선생님이라고 부르지만, 뉴스나 신문에서는 교사라고 칭한다. 교사도 자기를 선생님이라고 하지 않고 교사라고 소개한다. 모임의 명칭도 초등교사협의회, 중등교사모임이다. 교사도 하나의 직업이지만 회사원이나 개인사업자와는 다른 직업이다. 일반 직장인은 개인적인 일로 휴가를 신청해서 하루 쉬어도 된다. 그렇지만 교사는 특별한 경우를 제외하고는 휴가를 내지 않는다. 수업을 기다리고 있는 학생들이 있기 때문이다. 수업하는 사람이 없으면 수십 명의 학생들이 자습을 해야 한다. 그래서 교사는 몸이 좀 아파도 병가를 내지 않고 학교에 나가서 아이들을 돌본다. 선생님과 회사원은 다른 직업이다.

우리 사회는 교사들을 궁지로 몰아세우고 있다. 학교에서 문제가 발생하면 학교, 교육 당국, 부모는 일차적으로 교사에게 책임을 묻는다. 교사에 대한 존경심은 온데간데없다. 그것이 현실이다. 디지털 교육에 대비해서 교사는 첨단기기 사용법 교육을 받아야 한다. 그래서 차라리 디지털 교육의 시대가 오지 않기를 바라는 교사들도 있다. 교사는 무엇이든 잘해야 하는 사람들인가? 학생들보다 첨단 스마트 기기를 잘 다루어야만 교사인가? 영어 교사는 누구나 학생들보다 더 유창한 영어 발음을 해야 할까? 발음만 좋으면 훌륭한 영어교사일까? 그렇지 않다. 교사는 전지전능한 사람이 아니다. 교사가 첨단 스마트 기기를 잘 다루지 못하면 그것에 능숙한 학생의 도움을 받으면 된다. 영어 발음이 좋지 않으면 교사는 발음이 좋은 학생에게 도움을 요청할 수 있다. 스마트 기기를 다루지 못해도, 영어 발음이 나빠도 교사는 교사다. 교사는 학생들을 돌보는 사람이다. 교사는 자신의 인격과 지성으로 학생들의 배움을 도와준다. 교사들의 가르침에는 한계가 없다. 학과 과목을 가르치는 일은 교사의 몫이다. 교사는 학생의 가정환경을 파악하고 아이들의 발달 상황도 관찰해야 한다. 교사는 아이들의 특성과 재능을 파악해서 그 아이에게 필요한 교육도 해야 한다. 이러한 교육의 바탕에는 아이들에 대한 교사의 사랑과 인간애가 깔려 있다. 교사의 아이들에 대한 사랑이 아이들의 외적인 부족함을 메울 수 있다. 그 인간애를 가진 사람이 바로 스승이다.

며칠 전 한 초등학교 교감선생님이 나에게 메일을 보냈다. 교감선생님은 스승의 날을 맞아 찾아온 제자들과 새벽 3시까지 술도 마시고, 노래방에도 갔다고 했다. 마지막에 교감선생님은 제자들과 선술집에 들러서 소주 한잔을 하고 헤어졌다. 교감선생님은 지금도 제자들의 별명을 기억했고, 한 제자의 엄마의 성이 무엇인지까지 기억하고 있었다. 메일을 끝내면서 교감선생님은 세상에서 자기보다 더 행복하고 부유한 사람이 없을 것이라고 썼다. 이것은 감동적인 이야기이다. 그러나 이러한 일화가 감동적이면 우리 교육에는 미래가 없다. 위와 같은 모임은 특정한 스승의 날이 아니라 교사와 졸업한 학생 간의 평범한 만남이어야 한다. 그것이 메일로 적어 보낼 만한 주제가 되지 않아야 한다. 교사와 학생은 학교에서 위와 같은 스승과 제자 사이가 되어야 한다. 21세기라고 교사와 학생의 관계가 변한 것이 아니다. 우리 스스로 잘못된 방향으로 교사와 학생의 관계를 변화시켜왔다. 많은 사람들이 대한민국의 교육을 바로잡기 위해서 대안을 제시하지만 방법은 하나뿐이다. 그것은 교사가 스스로 스승이 되는 길이다. 학생들이 교사를 스승으로 인정할지 의견을 물을 필요도 없다.

내가 대학원을 마치고 대학에서 강의를 시작했을 때다. 강의 시간에 한 학생이 질문을 하면서 '강사님'이라고 불렀다. 맞는 용어였다. 나는 교수가 아니라 시간강사였다. 하지만 기분이 좋지 않았다. 나는 학생에게 틀린 용어는 아니지만 강의실에서는 선생님이라고 부르라고 했다. 왜 그랬을까? 나는 대학 강단에 설 때 강의를 하는 사람을 의미하는 강사의 입장에서 수업을 한 적이 없다. 나는 학생들에게 지식을 전달한 것이 아니라, 나의 혼을 전달했다. 나는 강의를 끝마칠 때 항상 학생들에게 말을 한다. "너희들이 나를 스승으로 여기든 그렇지 않든 상관없다. 나는 너희들을 제자로 기억할 것이다." 강단에 서는 사람들은 자기의 양심과 인격으로 제자들을 대해야 한다. 그것이 한국 교육을 살릴 수 있는 방법이다. 입시제도를 개선하고, 교육과정을 수십 차례 바꾸어도 한국 교육이 바로서기는 쉽지 않다. 교사가 마음가짐을 바꾸는 것이 대한민국 교육을 바꿀 수 있는 가장 빠른 길이다.

교사가 가정 형편이 어려운 학생과 정해진 시간에 학내에서 하는 상담이 얼마나 효과가 있을까? 교사가 따로 시간을 내서 자장면을 한 그릇을 사주면서 상담을 하면 어떨까? 힘들겠지만 선생님이 도와줄 테니 열심히 해보라고 격려를 해주면 어떨까? 자장면 한 그릇의 힘으로 아이는 고난을 헤치고 살 수 있지 않을까? 자장면이 아니라도 좋다. 교사의 가슴에서 우러나오는 한마디의 말로도 아이들은 바뀔 수 있다. 성인이 되어서 어린 시절 만났던 스승을 기억하는 사람들이 많다. 어떤 사람은 초등학교 3학년 때 담임 선생님의 격려 한마디가 자기 인생을 바꾸었다고 말을 한다. 그들은 이런저런 이유로 스승을 찾아뵙지는 못했지만, 그 고마운 마음을 잊지는 않았다. 그들은 자장면 한 그릇, 따뜻한 말 한마디로 모든 역경을 이겨냈다. 스승은 제자들에게 보상을 바라지 않는다. 스승은 제자들이 잘 살아가는 것만으로도 행복하다. 스승은 당당하다. 누가 뭐라고 해도 교사가 스스로 스승이라고 생각하면 당당할 수 있다. 교육이 바뀌려면 교사가 아니라 스승이 필요하다.

10

# 엄마로 돌아가라

# 엄마는 아이를 포장하지 않는다

엄마는 아이가 남들에게 뒤지는 것을 싫어한다. 그래서 엄마는 스스로 나서서 아이의 숙제를 대신 해주기도 한다. 엄마가 초등학생의 발표 자료를 만들어주기도 한다. 엄마는 친구들 앞에서 자랑스럽게 발표하는 자녀를 보면서 흐뭇해한다. 하지만 아이는 앵무새처럼 부모가 만들어준 자료를 읽고 있을 뿐이다. 이는 내 아이를 자랑하고 싶은 엄마의 잘못된 행동이다. 아이는 이러한 상황에서 무슨 생각을 할까?

"사실은 발표 준비를 내가 한 것이 아니라 엄마가 해준 것인데… 내가 스스로 한 것은 없어. 앞으로 또 다른 발표는 어떻게 해야 하지? 다음에도 엄마가 대신 해주겠지? 그런데 다른 아이들도 참 잘하는데 다른 아이들은 스스로 준비를 한 것일까?"

엄마는 자기 아이가 선생님에게 꾸중 듣는 것을 두려워한다. 아이가 남들 앞에서 풀이 죽어 있는 모습을 엄마는 참지 못한다. 그러나 아이도 사회생활에 적응해야 한다. 아이도 자기가 해야 할 일을 하지 않았을 때 어떠한 대가를 치르게 되는지를 알 필요가 있다. 그러면서 아이들은 성장한다. 이를 통해 아이는 주어진 일을 해내야 사회에서 버텨낼 수 있음을 알게 된다. 부모들이 그 잠시의 순간이 안타깝고 불안하다고 아이의 숙제를 대신 해주어선 안 된다. 이는 아이들이 나약해지는 지름길이다. 엄마는 아이가 나머지 공부를 하는 것을 받아들이지 못한다. 아이가 느껴야 할 것을 부모가 대신 느낀다. 그래서 부모가 대신해서 이에 대처를 한다. 그렇게 커가면서 아이는 무엇을 배울 수 있을까? 아이들은 스스로 책임을 깨달아야 한다. 언제까지 부모가 숙제를 대신 해주고, 학교에 갈 준비를 해줄 것인가?

아이의 시험이 다가오면 부모들이 더 초조해진다. 시험은 아이가 보는데 왜 엄마가 자기의 할 일을 접어두고 아이의 시험에 매달려야 할까? 엄마들의 친목 모임이 아이들의 중간·기말 시험 전에는 열리지 않는다. 엄마는 시험에 대비해서 아이를 감시해야 한다. 때로는 문제집도 사주어야 한다. 어떤 엄마와 아빠는 예상 문제를 출제해서 누가 더 문제를 잘 찍었는지 내기를 한다고 한다. 하지만 시험 기간에 부모가 아이에게 해줄 수 있는 것은 없다. 아침에 나갈 때 "아는 것만 쓰고 오라"라고 말하는 것 외에는 할 말이 없다. 아이가 시험을 보는데 엄마가 왜 관여를 할까? 엄마가 아이 대신 공부를 해서 시험을 볼 수 없다. 아이가 받는 스트레스는 아이의 몫이지, 엄마의 몫이 아니다.

# 엄마는
# 엄마의 인생을
# 살아라

30, 40대 엄마는 자녀를 위해서라면 자기 인생을 포기해도 괜찮다는 생각을 한다. 엄마가 자녀 교육을 위해서 직장을 포기하기도 한다. 엄마는 한 여자의 삶이 아니라, 자녀의 주변인으로서의 삶을 거부하지 않는다. 한국 사회에는 "살림 잘하고 아이 교육 잘 시키는 것이 엄마의 가장 큰 역할"이라고 생각하는 아버지들도 많은 것이 사실이다. 한국의 엄마는 그것을 숙명으로 받아들인다. 그런데 세계의 어느 나라에서 엄마가 아이의 주변인으로 살고 있을까?

한국의 엄마는 자기 이름을 잘 사용하지 않는다. 아이가 태어나면 '누구의 엄마'가 된다. 엄마의 이름은 공문서에나 쓰인다. 심지어 엄마는 개인 블로그에서도 누구의 엄마이다. 페이스북과 카카오톡에도 엄마는 자신의 사진을 올리는 일이 드물다. 그들은 자기 대신 자녀의 사진을 올린다. 엄마가 자기 사진을 올리면 이기적인 엄마로 치부되기도 한다. 엄마가 자기 발전을 위해서 악기를 배우러 다니려면 눈치를 보아야 한다. 그러한 기회는 아이에게 먼저 주는 것이 상식이 되어버렸다. 아이가 잘못된 일을 저지르면 사람들은 엄마가 돌보지 않았다고 엄마를 비난한다. 한국 사회에서 엄마는 누구일까?

엄마는 평생 동안 자녀를 돌보아야 하는 사람이 아니다. 그런데 최근에 우리 사회에는 '피터팬'이 많아지고 있다. 피터팬은 성인이 되어서도 아이처럼 엄마의 품을 떠나지 못하는 자녀를 일컫는 말이다. 어린 시절부터 엄마가 모든 것을 포기하고 돌보면서 생긴 기이한 현상이다. 왜 엄마는 아이의 주변인으로 삶을 살아야 할까? 그럴 필요가 없다. 엄마도 자기의 삶을 살아야 한다. 고등학교 졸업 때까지 아이의 주변인으로 살았다고 자식이 엄마의 인생을 책임지지 않는다. 이것이 오늘날 대한민국의 불편한 현실이다. 엄마가 아이를 스스로 자기의 삶을 책임지도록 키워야 한다. 아이들은 엄마의 희생을 잘 알지 못한다. 그것을 알고 있다고 하더라도 그 희생에 보답해야 한다고 생각하지 않는다. 우리가 아이들에게 혼자만 잘 살면 된다고 가르쳤다. 아이들은 같은 세대의 동료를 배려하면서 살아야 한다고 배우지 않았다. 그래서 아이들은 부모도 돌보지 않는다. 부모는 자신을 버리는 자식을 원망하지만 아이들은 자기만 잘 살면 되는 것으로 배워왔고, 지금도 그렇게 배우고 있다.

일반적으로 아이가 고등학교를 졸업하면 엄마는 50대에 들어선다. 그때 엄마에게 남은 것이 무엇일까? 엄마는 20년 가까운 세월을 자식을 위해서 살았다. 그런데 자식의 성공 여부와 상관없이 엄마에게 남은 것이 없다. 직업도 없고 취미도 없다. 오직 자녀 교육을 위해 몸과 마음을 바쳐서 살아온 세월만 남아 있다. 나이 50이 되어서 할 일을 찾는 엄마들이 늘어나고 있다. 남편이 퇴직을 해서 경제적으로 여유가 없기 때문이다. 돈이 있어도 삶이 무료하다. 그래서 엄마는 노인복지사나 청소년 상담 전문가 자격증을 따기 위해 학원을 다니기도 한다. 늦었지만 자식의 주변인에서 벗어나서 자신의 삶을 살고자 엄마는 처절한 몸부림을 친다. 어떤 엄마는 피터팬이 된 자식을 위해 간병인, 파출부 일을 하기도 한다. 엄마는 끝까지 자식을 책임져야 한다고 생각한다.

엄마도 엄마의 인생을 살 권리가 있다. 전문직에 종사한다면 엄마는 그 직업을 유지해야 한다. 자녀 교육을 위해서 직업을 그만둘 필요가 없다. 엄마가 직업이 없어도 자녀 교육을 위해서만 살 이유가 없다. 엄마에게는 자녀보다 남편이 더 중요하다. 남편은 평생의 동반자이다. 자녀는 결혼을 하면 집을 떠날 사람이다. 부부는 평생을 같이 살아가는 사람이다. 아이를 다 키우고 50대에 자신으로 돌아가는 일이 쉽지 않다. 돌아가고 싶어도 실체가 없다. 엄마는 자신의 존재를 너무 오랫동안 잊고 있었기 때문이다. 그래서 엄마는 허무해진다. 엄마는 모든 것을 새롭게 시작해야 한다. 하지만 엄마는 10대나 20대가 아니다. 새로운 것을 배우는 것도 바탕이 있어야 가능하다. 엄마에게 가장 소중한 남편과의 관계도 소원해졌다. 아이를 키워온 20년간 남편의 순서는 항상 아이의 다음이었다. 남편과 나눈 대화는 자녀 교육을 두고 벌이는 말다툼이 대부분이었다.

아이만 바라보고 사는 엄마는 아이에게도 부담이 된다. 세상에서 누군가 자기를 도와주면 감사할 일이다. 그러나 누군가가 자기를 희생하면서 도움을 준다면 부담스럽다. 아이는 세월이 지나서 "나는 너를 위해서 인생을 살았다"라는 엄마의 말을 듣고 싶지 않다. 아이의 들러리로 사는 것이 엄마의 사랑이 아니다. 엄마는 아이를 돌보는 사람이다. 아이 주변을 맴돌지 말고 엄마의 인생을 살아가자. 그것을 보면서 아이도 자신의 삶을 책임지는 방법을 배운다. 엄마가 엄마의 인생을 살아야 아이가 건강하게 자란다. 엄마의 자율적이고 독립적인 삶에서 아이들도 배운다.

# 꽃도
# 피는 시기가
# 모두 다르다

한국에는 사계절이 있다. 계절마다 피는 꽃이 다르다. 봄에는 개나리와 진달래가 핀다. 여름에는 과일나무의 꽃이 핀다. 가을에는 코스모스가 핀다. 한겨울에는 동백꽃이 핀다. 일찍 핀 꽃은 일찍 지고, 늦게 핀 꽃은 늦게 진다. 아이들이 인생의 꽃을 피우는 시기도 다를 수 있다. 초등학교에서 매년 반장을 하는 아이가 고등학교에서도 반장이 되라는 법은 없다. 학창 시절에 전교 회장을 하던 아이가 사회에서도 회장이 되는 법도 없다. 아이가 초등학교에서 남보다 뛰어나다고 미래에도 반드시 그렇게 되는 것은 아니다. 마찬가지로 아이가 초등학교에서 뒤처진다고 실망할 필요도 없다. 언제 아이가 기지개를 켜고 일어설지 아무도 모른다.

아이의 미래는 정해지지 않았다. 미래에 어떤 능력을 보여줄지 모르는 아이들이다. 일찍 가꾸어서 너무 일찍 꽃을 피우려고 애쓸 필요가 없다. 인생의 꽃은 피어야 할 때 피는 것이 좋다. 창의성 이론에 따르면 7세 이전의 유아기는 자기중심적 사고에 빠져 있는 시기이다. 유아기의 창의성은 일시적인 착시 현상이다. 초등학교 시기는 세상의 관행과 지식에 동화되는 창의성의 침체기이다. 창의성에는 필요한 요건들이 있다. 창의적인 사고를 위해서는 문제를 이해하고 본질을 파악할 수 있는 지식이 필요하다. 지식은 창의성의 원천이다. 그 다음으로는 문제를 해결하고 새로운 산출물을 만들어내기 위한 내적 동기가 있어야 한다. 이 외에도 창의적인 결과를 도출해내는 환경적, 심리적, 통합적 필요조건들이 있다. 대체로 창의적인 사고를 위한 조건이 갖추어지는 때는 15-17세 사이라고들 한다(조연순·선길숙·이혜주, 2008). 바로 청소년기가 창의성이 꽃을 피우는 시기이다. 이 시기가 되어야 창의성의 전제 조건인 추상적인 사고가 가능해진다. 15세를 전후해서 아이가 어떤 사람으로 성장할지가 결정된다. 부모는 그 이전에 아이가 내는 지적인 결과를 가지고 일희일비하지 않아야 한다.

아이가 언제 인생의 꽃을 피울지는 알 수 없다. 많은 아이들이 청소년기에 그 가능성을 보여준다. 그렇지만 한국의 교육 환경에서는 그 꽃이 늦게 필 가능성을 배제할 수 없다. 지금과 같은 교육 환경에서 아이들이 자기의 장점을 키워나가기는 쉽지 않기 때문이다. 우리는 더 긴 시간을 두고 기다려야 할 수도 있다. 아이들이 대학 입시의 굴레에서 벗어나서야 비로소 자기 능력을 발휘할 수도 있다. 그 굴레가 없어진다면 아이들은 더 일찍 자기의 능력을 발휘할 수도 있다. 그러나 한국적 상황이 그것을 쉽게 허락하지 않는다. 때가 되면 꽃을 피울 아이들에게 너무 많은 물을 주면 뿌리가 썩는다. 엄마의 열정은 아이에게 필요할 때 쏟아부어야 한다.

# 영어를 못해도 아이를 사랑하면 엄마다

요즘에는 아이들 못지않게 공부를 하는 엄마들이 늘어나고 있다. 아이를 가르치기 위해서 엄마가 영어 공부를 한다. 엄마는 학창 시절에도 영어 공부를 하지 않았다. 최근에는 엄마들의 영어 학습을 도와주는 책도 나왔다. 아이의 영어 교육을 엄마가 담당할 수 있도록 도와주는 인터넷 카페도 생겨났다. 많은 비용을 들여서 학원에 보내지 않고 영어를 가르치려는 엄마들의 자구책이다. 실제로 초등학교 아이의 영어 교육에 성공한 엄마들도 있다. 그런데 언제까지 아이의 영어 교육을 엄마가 책임질 수 있을까? 엄마의 능력을 무시해서가 아니다. 엄마는 무한한 능력을 가지고 있다. 엄마는 세상에서 하지 못할 일이 없다. 무엇이든 마음만 먹으면 가능하다. 그런데 아이를 가르칠 수 없는 엄마도 많이 있다.

다른 것은 다 할 수 있어도 영어와 수학을 가르칠 수 없는 엄마들도 있다. 엄마의 능력이 모자라서가 아니다. 사람마다 재능이 다르다. 아이들의 재능이 서로 다르듯이, 엄마의 재능도 서로 다르다. 영어와 수학은 가르치지 못하지만 아이에게 맛있는 음식을 만들어줄 수 있는 엄마도 있다. 어떤 엄마는 음식은 못해도 아이와 대화를 잘할 수 있다. 아이들이 특정 분야에서 잘하는 것이 있듯이 엄마들도 그렇다. 엄마는 자기가 잘하는 것을 아이와 함께 하면 된다. 엄마가 운동을 잘하면 아이와 운동을 하면 된다. 쇼핑을 좋아하면 아이와 함께 시장에 가면 된다.

잘하는 것이 아무것도 없어도 엄마가 기죽을 이유가 없다. 엄마는 아이를 세상에 태어나게 했다. 10개월간 아이를 잉태해서 낳아준 것으로도 엄마는 충분히 위대하다. 아이에게 영어와 수학을 가르치지 못한다고 부족한 엄마가 아니다. 세상에 나쁜 엄마는 있어도 부족한 엄마는 없다. 엄마는 많이 배우지 못했을 수도 있다. 가정 형편 때문에 아이를 학원에 보내지 못할 수도 있다. 주말에 외식을 못 하고 매일 집에서 가족이 모여서 김치찌개와 된장찌개를 먹을 수도 있다. 엄마는 아이에게 원하는 고가 브랜드 옷과 운동화를 사주지 못할 수도 있다. 그렇다고 엄마에게 엄마의 자격이 없는 것이 아니다. 아이를 사랑하면 엄마다. 아이가 힘들 때 찾을 수 있으면 엄마다. 엄마는 아이에게 공부를 가르치는 선생님이 아니다. 아이의 말을 편안하게 들어주는 엄마가 좋은 엄마다.

오디션 프로그램에서 10위 안에 들었던 어느 청년이 하는 말을 들었다. 그 청년은 중학교 시절에 가출을 해서 친구들과 모텔을 전전했다고 한다. 그는 친구들과 단칸방을 빌려서 생활도 해보았다. 그 청년은 스스로 불량 학생이었다고 표현했다. 청년의 엄마는 낮에는 직장에 나가고 밤에는 식당에서 새벽 4시까지 일을 하면서 가계를 꾸려나가던 분이었다. 어느 날 그 청년은 새벽 6시까지 밖에서 놀다가 아침에 집에 들어왔다고 한다. 그런데 웬일인지 엄마는 화를 내지 않고 밥은 먹었느냐고 물었다. 청년의 표현을 빌리면 자기 엄마가 너무나 지쳐서 자기를 혼낼 힘이 없어서 그랬다고 했다. 그런데 정말 그랬을까? 아니다. 그 청년의 엄마는 진정한 엄마였다. 아들이 밤새 어디서 무엇을 했든 밥이나 먹고 다녔는지 궁금했던 것이다.

그 청년은 그 이후로 스스로 다짐을 했다고 했다. 무엇이든 열심히 해서 엄마와 가정을 살려야겠다고. 그날 그 청년은 엄마에게 바치는 노래로 〈다행이다〉라는 노래를 불렀다. "그대의 젖은 손을 잡을 수 있어서 다행이다"라는 가사가 들어 있었다. 엄마의 한마디 말이 중학교 시절부터 방황하던 자식을 이 사회에서 떳떳하게 살아갈 수 있는 젊은이로 만들었다. 이것이 엄마의 힘이다. 아무리 빗나간 아이들도 엄마의 힘으로 되돌릴 수 있다. 엄마는 위대한 힘을 가지고 있다.

세상에는 '엄마'라는 자격증이 없다. 아이를 낳으면 엄마다. 엄마는 어떤 의미에서도 능력으로 평가되지 않아야 한다. 엄마가 되는 조건은 교육에 대한 열정이 아니라 아이에 대한 사랑에 있다. 엄마의 아이에 대한 사랑은 한결같아야 한다. 그 사랑은 변함없는 상수이어야 한다. 자녀 사랑은 아이의 성적과 결과에 의존하는 변수가 되지 않아야 한다. 그 사랑은 늘 그 자리에 있어야 한다. 엄마의 사랑에는 끝이 없다. 과학의 도움으로 그 깊이와 넓이를 측정할 수 없다. 엄마의 사랑에는 기준 자체가 없다. 그래서 엄마라는 자격증은 없다.

# 엄마로
# 돌아가라

엄마로 돌아가라!

탯줄을 통해 양분을 공급받던, 가슴에 안겨서 젖을 빨던, 등에 업혀서 세상 모르게 잘 수 있었던, 무서운 것을 보면 치맛자락 뒤로 숨었던, 유치원에서 돌아오면 큰 소리로 불렀던, 아이의 모든 세상이었던 엄마.

그 엄마로 돌아가라.

엄마로 돌아가라!

지치고 힘들 때, 외롭고 쓸쓸할 때, 도전에 실패했을 때, 세상이 싫어질 때, 사랑하는 사람을 잃었을 때, 누구에게 기대고 싶을 때, 아빠에게 혼났을 때, 친구에게 배신당했을 때, 된장찌개와 김치찌개가 먹고 싶을 때, 아무도 도와주는 사람이 없을 때 찾을 수 있는 엄마.

그 엄마로 돌아가라.

엄마로 돌아가라!

먼 산을 보면 떠오르는, 먼 이국 땅에서도 매일 생각나는, 세상에 없어도 살아 있는, 영원히 기대 쉴 수 있는, 비교가 되지 않는 절대적인 세계인 엄마.

그 엄마로 돌아가라.

엄마로 돌아가라!

## 참고문헌


- 곽노의. 《21세기 유아 교육의 모델로서 자유 발도르프 유아 교육》. 밝은 누리, 1999
- 스티븐 글렌·제인 넬슨. 《독립심이 강한 아이로 키우는 부모의 지혜》. 이미숙 역. 아침나라, 2000
- 마이클 맥코비. 《우리는 왜 리더를 따르는가》. 권오열 역. 비전과리더십, 2007
- 노경선. 《아이를 키운다는 것》. 예담, 2007
- 남미숙. 《내 아이의 강점은 분명 따로 있다》. 원앤원북스, 2007
- 조연순·선길숙·이혜주. 《창의성 교육—창의적 문제해결력 계발과 교육방법》. 이화여자대학교출판부, 2008
- 책아책아! 기획 구성. 《초등교육은 90%가 엄마 몫이다》. 애플비, 2008
- 정도상. 《북유럽의 외로운 늑대! 핀란드》. 언어과학, 2011
- 법륜스님. 《엄마수업》. 휴(休), 2011
- EBS 학교란 무엇인가 제작팀. 《학교란 무엇인가?》. 중앙북스, 2011

정도상의 이것이 교육이다 시리즈—1

엄마로 돌아가라

초판발행 2012년 9월 10일
초판 4쇄 2014년 12월 23일

지은이 정도상
펴낸곳 고려대학교출판부
www.kupress.com
kupress@korea.ac.kr
136-701 서울특별시 성북구 안암로 145
02-3290-4230, 4232
Fax 923-6311
찍은곳 (주)동화인쇄공사

ISBN 978-89-7641-789-3 04370
ISBN 978-89-7641-788-6 (세트)

값 12,000원